锦瑟 Inlaid Zither

J　　S

独立的个体一旦乌合，必定很快丧失自我

乌 合 之 众

大众心理研究

〔法〕古斯塔夫・勒庞 / 著
范　雅 / 译

重庆出版集团 重庆出版社

图书在版编目（CIP）数据

乌合之众 /（法）古斯塔夫·勒庞著；范雅译. —重庆：重庆出版社，2023.7（2024.8重印）

ISBN 978-7-229-17657-0

Ⅰ. ①乌… Ⅱ. ①古… ②范… Ⅲ. ①群众心理学–研究 Ⅳ. ①C912.64

中国国家版本馆CIP数据核字（2023）第089346号

乌合之众
WUHEZHIZHONG
〔法〕古斯塔夫·勒庞 著 范 雅 译

策 划 人：刘太亨
责任编辑：陈 冲
特约编辑：王道应
责任校对：杨 婧
封面设计：日日新
版式设计：曲 丹

重庆出版集团
重 庆 出 版 社 出版

重庆市南岸区南滨路162号1幢 邮编：400061
重庆博优印务有限公司印刷
重庆出版集团图书发行有限公司发行
全国新华书店经销

开本：889mm×1194mm 1/32 印张：8.25 字数：250千
2023年7月第1版 2024年8月第2次印刷
ISBN 978-7-229-17657-0
定价：36.00元

来自群体的，

对群体心理的观察和研究，而不是来自纯粹的心理学概念……

译者语

《乌合之众》一书自20世纪20年代首个中译本出版至今，已有众多中文版本，保守估计，各中文版本的总销量应该已经上亿。但时至今日，它的潜在读者群仍然十分广大，因为我们要么是群体中的一员，要么是群体的领导者，我们总是需要认清对方。

该书的作者古斯塔夫·勒庞是法国著名的社会心理学家，群体心理学研究第一人，有“群体社会的马基雅维利[1]”之称。在他众多的著作中，《乌合之众》影响最为广泛，已先后被译成二十多种语言，在近百个国家印行。

1 马基雅维利（1469—1572年），意大利政治家和历史学家，注重权术和谋略，主张为达目的可以不择手段。在他看来，权术和谋略水平低的人，易受他人影响，阐述事实时缺乏说服力；而权术和谋略水平高的人，则更能操纵他人，说服他人，从而赢得更多的利益，虽然这种结果会更多受到情境因素的影响。——译注在该书中，勒庞通过对法国大革命时期群体现象的研究，正确地指出了“大众时代的来临”以及群体行为可怕的破坏力和可能的建设性。而前者正是勒庞研究的重点，也是该书的价值所在。在书中，勒庞通过对群集现象的考察，发现：当多个个体聚集成一个群体，在暗示的引导下，“群体的无意识”会很快取代“个体的有意识”，个体的行为方式会为“群体精神统一性律”所左右，从而倾于一致，所以他说，“博学的人和无知的人在群体中都无法被我们看到”，而且，“在群体中积累起来的可能是愚蠢，而不是智慧”。在群体中，因为有罪难罚，群体极易被引向一种恶意的情绪，个体也将因此很少有道德和责任的约束。由于动物性本能不受压制，所以“负性”的欲望和残忍的行为在群体中会很快复活。

按照汉语释义，乌合之众是指暂时凑合在一起的，无组织、无纪律的一群人。但勒庞书中的“乌合之众”不仅限于此，他们还包括刑事陪审团、选民群体、议会等有组织的群体，这些智力优异的群体在集聚时也会表现出明显的群体低智商特征，他们也会受“领导者”的暗示而常常作出愚蠢的决定。

勒庞认为，群体意识受本民族传统文化（包括政治和教育）的间接支配，同时又受语言暗示的直接影响。通常，政治家和谋略家也是演说家，在动员大众时，他们善于运用诉诸群体感性的语言，总是能挠到民族文化心理的易感之处。

在大众迅速崛起的时代，勒庞对群体心理进行研究，目的在于找到由群体的无意识行为所滋生的种种负性问题的解决方案。勒庞并不是站在精英主义的立场去抨击“愚昧无知的大众”，而是出于平等的关切之情去呼吁每一个个体学会正视历史和群体的幽暗，以免个体在历史的惯性中被群体的盲目性所裹挟。勒庞认为，民主权利如果不受约束，必将使整个社会滑向暴虐无道的罪恶深渊。

总之，无论你是什么身份和职业，如果你还想做一个与“天地精神”息息相通的独立个体，一个具有思辨能力和批判精神的现代人，该书将不啻一味清醒剂，它有助于你在“众人皆醉”的时代大潮来袭时，始终保持“我独醒”的良好状态，成为自身命运的真实主宰。

序 言

本书将致力于描述群体的特征。

遗传赋予一个民族中的每一个个体共同的民族特征，这些特征构成了这个民族的性格。当一定数量的个体因为某种有目的的行为聚集在一起时，仅仅由于他们聚集在一起，就会产生新的心理特征，这些新的心理特征会被添加到民族特征中，并且有时会不同于他们原有的特征。

有组织的群体在社会生活中一直扮演着重要角色，只是这一角色从来没有像现在[1] 这样重要过。以群体的无意识行为代替个体的有意识活动，是当今时代的主要特征之一。

我努力用科学的方法来研究各种难以理解的群体现象，也就是说，我将努力以一种适当的方法来研究这些现象，尽量不受其他观点、理论和学说的影响。我相信，这是发现真

1 “现在”在这里指该书的写作背景，即1789年到1830年法国大革命时期。——译注

理的唯一方式，特别是在面对一个已引起广泛争议的话题时，就像当前一样。一个致力于验证某种现象的科学家，他并不需要关心他的验证是否会损害某些学派的利益。思想家高步利特·德阿尔维埃拉[1]先生在他最新出版的书中说："我不属于任何一个当代学派，我有时会发现我的观点与所有当代学派的观点对立。"我希望我现在的工作也能这样。是的，只要归属于某一个学派，我们就必然赞成它的偏见和它那先入为主的观点。

我还得向读者解释一下，为什么乍一看，人们会发现我的研究结论可能是站不住脚的；比如，在注意到群体（包括议会）有严重的心理缺陷后，我为什么仍然肯定地认为，尽管存在着这种缺陷，但如果因此就去干涉他们的组织结构，会是非常危险的。原因是，对历史事实的细致研究已表明，社会的组织结构与一切生物体的组织结构一样复杂，我们不能突然对它进行强行变革。有时，自然也会有激进的变化，但它从来不

1 疑为比利时思想家、宗教史教授高步利特·德阿尔维埃拉（1846—1925年），其代表作为《符号的迁移》，该书系宗教考古学基础教材。——译注

会以我们的方式[1] 改变，这就解释了为什么对一个民族而言，没有什么比狂热的变革更致命的了，即使这种变革在理论上多么出色。只有时间拥有改变民族性格的力量。人是受思想、情感和习俗支配的，这些东西在本质上正是我们自己。制度和法律只是我们性格的外在表现，仅仅体现着民族性格的需求，而不是民族性格本身。所以，制度和法律不会改变民族性格。

研究社会现象显然不能脱离对产生这些现象的民族的研究。从理论的角度看，这些现象可能具有绝对价值，但在实践中，它们却只具有相对价值。

因此，在研究社会现象时，我们很有必要从两个截然不同的角度考察，然后，我们才会看到，纯粹理性的表达往往与实践理性[2] 的表达没有一丝共同之处。而且，几乎所有现象，

1 这里指像法国大革命那样的剧烈、激进，甚至是混乱的革命方式。——译注

2 纯粹理性与实践理性这两个词出自康德“三大批判”之《纯粹理性批判》和《实践理性批判》两书。这两本书主要关注的是人能认识什么的问题，也就是我们能知道什么的问题。康德认为，人只能认识自己先天所能认识的范畴内的事物，即人认识事物要依靠自己天生所具有的能力，（转下页）

甚至包括自然现象也从适于这种区分。从绝对真理的角度看，立方体或圆都是绝对的几何图形，并且都由特定的公式严格定义。但从不同的角度观察立体图形，往往会得到不同于原有形状的图形，如立方体可能会变成三棱体或正方形，圆也可能会变成椭圆或线段。而且，对这些假象的研究远比对它们真实形状的研究重要，因为我们所看到的只可能是这样的假象，也只有这样的假象才可以通过摄像或绘画再现出来。

在某些情况下，不真实比真实更真实。如果只以绝对的几何形状呈现物体，物体就会发生扭曲，让人无从辨认。我们可以设想这样的一个世界，那里的人对物体只能进行描摹或拍照，却不能触碰它们，因此那里的人就很难对物体的形状有明确的认知。此外，关于物体的绝对形状，如果只有少数学者能

（接上页）比如逻辑能力、空间感和时间感等。但这些能力又会导致二律背反，比如人的逻辑能力会让人不断地通过因果关系推导原因，并且永无止境，这样做终将会出现不可认知的部分。于是他将事物划定出可认知的部分和不可认知的部分。人能认知的部分靠纯粹理性去完成，不可认知的部分则只能诉诸道德，也就是实践理性。纯粹理性与实践理性是不可沟通的，除非通过判断力，即诉诸审美。——译注

够理解，那么，这些形状的存在便没有意义。

研究社会现象的学者应该牢记，这些现象除了具有理论价值，还同时具有实践价值。而且，就文明的演进而言，也只有后者才具有重要意义。明白了这一事实，人们在对待那些看似逻辑性很强的结论时才会非常谨慎。

许多原因都会使我们保有同样的审慎。社会现象非常复杂，以至于我们无法从整体上把握，也无法预测它们的交互作用和结果。而且，在可见的现象背后似乎都隐藏着众多不可见的原因。这些可见的社会现象似乎也是大量的无意识作用的结果，这些作用通常都不在我们的分析能力之内。可感知到的现象就像大海的波浪，它只是深海的扰动在海面的显现，而我们对海底的情形一无所知。

从群体的众多行为看，他们的心理状态非常低级；他们的行为好像被某些神秘的力量指引，古人把这些力量称为命运、本性或天意，现在我们称它为“死亡本能[1]”，尽管我们

1 死亡本能又被称为毁坏冲动、攻击本能或侵犯本能。奥地利心理学家弗洛伊德认为，死亡本能是一种与生俱来的，要摧毁秩序，回到前生命状态的一种冲动；可以用以（转下页）

不知道“死亡本能”到底是什么，但我们知道它不可忽视。有时候，在民族内部似乎有某种潜在的力量在引导着民族的发展。比如语言，还有什么是比语言更为复杂、更有逻辑、更神奇的呢？但这种令人惊叹的社会产物如果不是群体无意识[1]的产物，又从何而来呢？最博学的学者、最受人尊敬的语法学家所能做的也只是对已存语法进行研究，却无力创造语言。即便是伟大的思想，难道我们就能肯定它完全是思想者自己创造的吗？当然，这些思想无疑是来自个人的大脑，但是，难道不正是群体的智慧为这些独立的个人提供了成千上万的尘粒，才让这些伟大的思想有了孕育的土壤？

毫无疑问，群体总是无意识的，但无意识也许正是力量强大的秘密所在。正如在自然界中，生物完全受本能支配，但它们行为奇妙的复杂性令人惊叹。理性是人类很晚才获得的一

（接上页）解释某些黑暗的、具有破坏性的行为，比如，人与人之间的残忍、对抗、攻击，甚至杀戮等。——译注

1 荣格的分析心理学用语，指由遗传保留的无数同类型经验在心理最深层积淀而形成的人类普遍性精神，包括祖先生命的残留，它的内容在一切人的心中都能找到。——译注

种属性，还不太完美，它不仅无法向我们揭示无意识的运行机制，更无法取代无意识的地位。无意识在我们的行为中所起的作用非常巨大，而理性所起的作用十分微小。然而对于无意识力量在我们行为中的运行机制，我们至今仍一无所知。

因此，如果我们不想闯入模糊的猜测和不可验证的假设中去，而只停留在科学已经确证的狭窄的知识范围之内，那么，我们所能做的，就是只研究我们可以观察到的现象，并将自己局限于对这些现象的思考。原则上，我们从观察中得出的每一个结论通常都是不成熟的，因为在我们看得清的现象背后，还有我们看不清的其他现象，而且在这些看不清的现象背后，也许还隐藏着我们根本就无法看到的东西。

目录

译者语/1

序言/4

引言：群体的时代 / 1

第一卷　群体的性格 / 13

第一章　群体的基本特征——心理统一律 …… 15

第二章　群体的情绪与道德 …………………… 31

第三章　群体的思想观念、推理能力和想象力 … 61

第四章　群体信仰表现出的宗教形态 ………… 75

第二卷　群体的思想和信念 / 85

第一章　影响群体信念的间接因素 …………… 87

第二章　影响群体信念的直接因素 …………… 115

第三章　群体的领袖和他们的说服手段 ……… 135

第四章　群体信仰和观念变化的极限 ………… 165

第三卷　群体的分类以及对它们的描述 / 181

第一章　群体的分类 …………………………… 183
第二章　所谓犯罪群体 ………………………… 189
第三章　刑事陪审团 …………………………… 197
第四章　选民群体 ……………………………… 207
第五章　议会 …………………………………… 219

引言：群体的时代

当今时代的演变 / 文明的巨大变化是民族精神演变的结果 / 现代对群体力量的依赖 / 群体的力量改变了欧洲各国的传统政策 / 大众是如何崛起的，大众行使权力的方式 / 群体行使权力的必然结果 / 除了破坏，群体无法发挥其他作用 / 群体的力量导致旧文明解体 / 对群体心理的普遍无知 / 研究群体对立法者和政治家的重要性文明在更迭之前，社会往往会发生大动荡，比如罗马帝国的灭亡和阿拉伯帝国的建立[1]。乍一看，它似乎是由政治变革、外敌入侵或王朝的覆灭引起的。但是，如果对这些事件进行深入研究，我们就会看到，在表象的背后，真实的原因是民族精神的深刻变化。真正的历史剧变，不是那些以其宏大和暴力性令我们震惊的剧变。文明的更迭是因为人们的思想、观念和信仰变了。历史上那些令人难忘的事件只是人类思想无形变化的可见结果。这样的重大事件之所以如此罕见，是因为一个民族世代相传的精神基础是非常稳定的。

当今时代是人类思想历经巨大变革的时代。

两个根本的原因构成了这一变革的基础。一是文明的一切要素所根植其中的宗教、政治和社会信仰遭到毁灭；二是

1 公元476年，罗马帝国末代皇帝罗幕洛被日耳曼雇佣军首领废黜，罗马帝国灭亡。从历史的表象看，导致帝国灭亡的直接原因是“蛮族”的入侵，但罗马与“蛮族”的战争由来已久，在罗马帝国强盛时期，“蛮族”根本无法与罗马抗衡，每次入侵无一不被罗马人击溃。所以，“蛮族”入侵导致罗马帝国灭亡，只是一个可见的外因。——译注

现代科学发现和工业变革创造了全新的生存方式和思想。

传统观念尽管已被摧毁得残缺不全，但仍然非常强大，而且取代它们的新思想尚待形成，因此这个时期也是一个混乱的过渡时期。

到目前为止，还很难说这必然的混乱会演变成什么样子。我们尚不知道，一个全新的社会将建立在怎样的思想基础之上。但我们已经清楚，无论未来社会的组织规则是怎样，它都必须依靠一种新的力量，也就是群体的力量。许多过去不容置疑的思想现在已经腐朽，其权威的根基已被不断的革命摧毁；在这正在朽坏的废墟上，群体的力量已取而代之，注定不久就要吞没其他力量。当我们所有古老的信仰崩塌消亡，旧的社会支柱逐一让位之时，群体的力量便成了唯一不惧任何威胁的力量——它所向披靡，威势倍增。因此我们即将进入的将是一个“群体的时代”。

在近一个世纪以前，欧洲各国的传统政策和君主之间的对抗是影响事态发展的主要因素。那时民众的意见几乎没有任何作用，在大多数情况下甚至没有丝毫作用。但今天，以往起作用的政治传统和统治者的个人倾向以及统治者之间的对抗都不再起任何作用；相反，民众的声音成了压倒一切的力量。正是民众的声音在支配着君王的行为，君王都在竭力顺从这些声音，因此今天，各国的命运都酝酿于民众心中，而不是在君主的朝会上。

民众阶层进入政治生活——也就是说，在现实中，他们正逐步转变成统治阶层——这是我们这个过渡时期最显著的特征之一。普选[1] 施行了很长一段时间，但是效果很差，并不像人们设想的那样——普选权会成为政治权力转移的一个明显标志。大众权力的逐渐增长，首先开始于某些思想的传播，并慢慢根植于民众心中，然后才是那些决意实现这些思想的个体的联合。正是通过这种联合，群体获得了与他们的利益相关的理念，并逐步意识到了自己作为一个阶层所具有的力量，这些理念即使不是特别公正的，至少也是非常明确的。

民众成立了各种团体，在这些团体面前，旧权威逐步屈服。他们还创立了工会；工会往往不顾各种既定的经济法律，执着于调整工人的劳动条件和薪资水平。他们还进入议会并且参与政府人员的选举，但作为议员，他们完全没有主

1 普选，指一种选举方式，即一切成年人不论性别、年龄、种族、信仰、社会阶层，都平等享有选举权。——译注

1793年巴黎的一个“大众团体”

这是1793年巴黎的一个“大众团体”在举行集会。该画出自画家路易·雷内·博凯之手，居于画面中心位置的是一名“无套裤汉”。“无套裤汉”是18世纪末法国大革命时期贵族对城市平民的讥称，但不久该名称就成为革命者的同义语。无套裤汉的主要组成是小手工业者、小商贩、小店主和其他劳动群众，也包括少部分富人。

见和独立性，在大多数情况下，他们都沦为了推荐他们的委员会的代言人。

今天，民众的诉求越来越强烈、明确，他们想要完全摧毁现存社会，他们希望退回到原始共居社会，即文明出现前人类所有族群的状态。这些诉求包括限制劳动时间，要求矿山、铁路、工厂和土地国有化，所有产品平均分配，为民众阶层的利益服务，消灭一切上层阶级等。

群体不擅长理性思考，但他们总是急于采取行动。他们现在的组织结构让他们的力量壮大了。而且，我们眼前诞生的这种新宗教，很快就将具有旧宗教的力量，即一种不容置疑的、专横的、至高无上的力量。民众的权力即将取代君王的神权。

那些深为中产阶级青睐，最能代表中产阶级的狭隘思想、刻板观念、浅薄怀疑主义，且过分以自我为中心的作家，在看到新力量壮大时也表现出了深切的警觉和惶恐；为了对抗人们思想上的混乱，他们开始向他们曾经十分鄙视的宗教道德力量发出绝望的吁请。他们告诉我们科学必将破产，并要求我们怀着悔意回归罗马[1]，时刻提醒我们关注天启真理的教义。

这些新皈依者不知道一切都为时已晚。即使他们真的是

1 罗马，这里指天主教教廷所在地。天主教是基督教三大派别之一，传说由耶稣于公元1世纪在罗马帝国治下的耶路撒冷创立。——译注

被神的恩典感化，也是最近的事，而且也不能指望类似的行为对那些不关心这些事的人产生影响，因为人们并不在意这些新皈依者所面临的困扰。今天的民众抛弃了这些新的训诫者，就像昨天，他们也曾经抛弃并摧毁过神明。无论是神还是人，都没有力量迫使河流再回流到源头。

科学并没有破产，科学没有参与到目前的无政府状态[1]之中，也没有对混乱中的新生力量产生影响。科学带给我们真理，或者至少带给了我们理性所能把握的关联性的知识。科学从未向我们许诺过和平或幸福。科学对我们的情感漠不关心，对我们的哀怨充耳不闻。我们应该努力与科学在一起，因为没有什么能挽回被它摧毁了的幻想。

在所有国家都能看到的普遍状况向我们展示了群体力量的迅速增长，而且这种增长不会很快停止。无论它为我们准备了怎样的命运，我们都必须接受。所有反对它的言论都只是徒劳的空谈。民众力量的出现有可能预示着西方文明走向没落；而这种混乱的无政府状态似乎也预示着一个新社会的

1　无政府状态指没有政府或社会缺乏政府控制而导致的法律上和政治上的无序状态。——译注

诞生。但是，这样的结果可以避免吗？

到目前为止，彻底摧毁陈腐的文明已经成了民众最明确的使命。这样的迹象并非今天才出现。历史告诉我们，从文明赖以存在的道德力量丧失的那一刻起，就注定了无意识的野蛮人群体终将导致文明的瓦解。文明历来只由一小部分知识贵族创造和指引，而不是由民众。民众对文明鲜少有建设性，他们的行为仍然与野蛮阶段的人类相似。文明包括稳定的行为规范、法律秩序、以理性控制本能、对未来的预见，以及文化的高度发展，所有这些都是民众无法独自实现的。由于群体的力量只有破坏性，所以群体很像那些可以加速衰亡或加速溶解死尸的微生物。因此，当我们的文明结构已经陈腐，导致其垮掉的一定是并且总是民众。也正是在这样的时刻，民众的使命才会突显出来，而且正是在这个时候，人的数量的多少似乎成了历史的唯一哲学。

我们的文明在等待这样的命运吗？我们有理由为此担心，但到目前为止我们还无法确定。

不管怎样，现在我们都必须屈从于民众的统治，由于缺乏远见，一切阻止民众的障碍都已被我们扫除。对热议中的群体话题，我们知之甚少。专业心理学者一直远离这样的话题，忽视这样的话题，如今，当他们把目光转向它时，他们的重点却是对群体犯罪问题的研究。毫无疑问，犯罪群体是存在的，但也同样存在善良、勇敢的群体，以及许多其他类型的群体。群体犯罪心理只是群体心理的一个特定方面。群体心理的特征不能仅靠研究群体的犯罪行为来获得，就像不能仅仅通过描述一个人的恶行来展现他的精神构成一样。

事实上，世界上所有的名人，包括一切宗教或帝国的缔造者，各种有信仰的传播者、杰出的政治家，甚至一个小团体的头目，都是不自觉的心理学家，他们对群体心理具有一种本能的，而且往往是非常准确的理解。正是他们对群体心理的准确理解，使他们在群体中能轻易建立起自己的统治。拿破仑对他治下的民众的心理有着惊人的洞察力，但同时，他有时又会完全误解其他民族的群体心理[1]；而且，正是因为

1 他最精明的参谋们也不能很好地理解其他民族的心理。塔列朗（法国政治家、外交家，曾任外交大臣等——译注）曾给他去信，说："西班牙把你们的军队视作解放者。"但事实是，西班牙把他和他的军队视作猛兽。然而，熟悉西班牙人遗传本能的心理学家很容易就能预见这一结果。——原注

这一误解导致了他的军队在西班牙，尤其是在俄罗斯遭受重创，使他的权力受到很大打击，也正是这一打击注定了他的毁灭。

今天，对那些不愿意面对群体的政治家来说，对群体的管理已经非常困难， 如果他们不想被群体支配，他们就必须研究群体心理。

只有对群体心理有所洞察，才能明白法律制度对群体的作用是多么地微不足道；群体对强加给他们的观点总是非常顺从，因此，引导群体的不是纯粹的、公平的理论规则，而是能打动他们的观点的诱惑。比如，立法者希望加征一项新税，他是否应该选择最合理的税种呢？绝对不。在实践中，对民众来说也许最不合理的才是最好的。如果所加的税赋名目模糊，那么从表面上看税负轻了，因此也就非常容易被民众接受。间接税不管多重总能被民众接受，因为每天在日常消费品上的很少量的支付并不会改变民众的支付习惯，也就不容易被察觉。如果换成按工资或其他收入的比例收税，而且还要一次性支付，那么即使这一新税种实际上比另一税种轻十倍，也会引起普遍抗议。这是因为当一大笔款项取代了不易察觉的微小分厘，就很容易激起人们的联想，从而使人们大为惊恐。如果新税一分一厘地征敛，它就会显得很轻；而要累进计算则需要远见，对此，民众很不擅长。

上面的例子非常贴切又易懂。它逃不过拿破仑这样的心理学家的眼睛，但我们今天的立法者们却不懂群体心理的特点，所以也就没有能力欣赏拿破仑的做法。经验教给今天的立法者的东西还不够多，所以他们尚不明白，群体永远不会按纯粹理性的教导来塑造行为。

群体心理学还有许多实际应用。对这门学科的了解可以帮助我们更加生动地理解众多历史事件和经济现象，同时，我还用它阐明了近代最杰出的历史学家丹纳[1] 对法国大革命系列事件的理解为什么会如此片面，原因就在于他从没有想过去研究群体的精神。在研究那一复杂时期时，他对群体精神的描述采取的是自然科学家的方式；自然科学家在研究一切现象时几乎从不考虑精神的力量，但精神的力量才是历史发

1 丹纳（1828—1893年），19世纪法国最杰出的历史学家、艺术史家之一，曾对普法战争后法国的社会和政治制度作过深刻反省，其主要著作有《艺术哲学》《现代法国的起源》等。——原注

展的真正动力。

因此，仅仅从应用的角度考虑，群体心理学也很值得研究。即使是出于好奇，它也值得被关注。解密人类行为的动机，与研究一种矿物质或一种植物的属性一样有趣。当下，我们对群体精神的研究还只是简要的概括，还只是对考察结果的简单总结，除了一些有启示性的观点，并无更多。我们现在在这本书中触及的，也只是“这片土地”的表层，它几乎未被开垦，但我相信其他人一定有机会研究得更多也更深入。

第一卷　群体的性格

第一章　群体的基本特征——心理统一律

从心理学的角度看群体的构成 / 数量众多的个体聚集，并不一定构成群体 / 群体独特的心理特征 / 构成群体的个体在思想和情感上向一个固定的方向转变，他们的个性消失 / 群体总是会受无意识支配 / 大脑活动消失和脊髓活动主导 / 智力的降低和情感的彻底转变 / 转变后的情感可能比构成群体的个体的个性更好或更坏 / 同样的个体所组成的群体，容易成为英勇的群体，也容易成为犯罪群体

“群体”这个词的通常含义是指个体的聚集，这样的聚集无关民族、职业或性别，也无关聚集的原因。但从心理学的角度看，“群体”一词的含义则完全不同。在某些特定的条件下，而且也只有在这些条件下，一群人才会呈现出与组成这群人的个体迥然不同的新的特征。集群中所有人的情感和思想都会朝同一个方向统一，然后自觉人格逐渐消失。群体的心理就这样形成了，虽然这种心理的持续时间短暂，但它有非常鲜明的特征。我将这种群集称为“组织化群体”，或者，换一种更好的表达，也可以称之为“心理群体”。这种心理群体是如生命体一样的单一存在，并服从于群体心理统一律，从而形成统一的心理性格。

很明显，并不是人们随机聚集到一起就能获得“组织化群体”的特征，如果没有确定的目的，即使有一千个人在公共场所聚集，也不会构成心理学意义上的“心理群体”。要成为一个群体，要获得群体的特征，就必须要有某些诱发因素。我们下面要做的，就是要确定这些诱发因素的性质。

自觉人格的消失以及思想和情感朝一个明确方向的统一，是一群人即将成为“组织化群体”的两个主要特征，但这并不意味着一定得是多个个体同时出现在同一地点、在某些时刻、在强烈情绪的冲击下——比如在轰动全国的事件的作用下，若干分散的独立个体也可能获得“心理群体”的特征，成为“组织化群体”。在这种情况下，只需一个偶然的机会，就会立即让他们群集到一起，就足以使他们的行为具有群体行为的所有特征。有时，六个个体也可能构成“心理群体”，但是有时，数百个个体聚集在一起也不能构成“心理群体”。有时，一个民族虽然没有明显的聚集，但是在某些条件下，也可能成为一个群体。

心理群体一旦形成，就会获得某些短暂却又明确的基本特征。除了这些共同的基本特征，不同的群体还具有自身的特征，这些特有的特征会因为群体构成成分的变化而变化，并且群体的心理结构也可能发生变化。因此，心理群体很容易被分类。当我们着手研究这一问题时，我们应该看到，异质的群体，即由不同成分构成的群体，与同质的群体，即由或多或少相似的成分（比如教派、种姓和阶级）构成的群体，会呈现出某种共同特征，而在这些共同特征之外，他们还有各自特有的特征，这些特有的特征会把他们区别开来。

在研究不同类型的群体之前，我们首先得研究他们的共同特征。我们应该像自然科学家那样工作，首先描述一个科[1] 内所有生物共有的基本特征，然后再关注各属和各种的特有特征。

要准确描述群体心理并不容易，因为群体心理的组织形式不仅因种族和构成成分的不同而不同，而且会因群体所受刺激因素的性质和强度的不同而不同。相同的困难也存在于对个体心理的研究中。只有在小说中，人才会以固定的性格贯穿一生。只有在稳定的环境中，人的性格才不会发生改变。我在其他地方已经证明，所有的心理结构都包含着变化的可能，这种变化会通过环境的突变表现出来。这就解释了为什么在国民公会[2] 会议上，平常平和、正直、无害的公民会变成

1 生物分类的基本单位是种，根据亲缘关系把近缘的种归为属，属之下是科、目、纲、门。比如哺乳纲食肉目猫科下属的动物就有猎豹、老虎、狮子以及各种宠物猫等。——译注

2 国民公会是法国大革命时期的最高立法机构，在法兰西第一共和国时期拥有行政权和立法权。在普选基础上成立的国民公会于1792年9月21日开幕，当选议员749名，由吉伦特派、山岳派、平原派和沼泽派议员组成。1795年10月26日解散。——译注

最有攻击性的证人或最蛮横的法官。事实上，暴风雨之后，他们又会恢复平和，成为守法的公民。拿破仑由此而发现他们是最温顺的仆人。

在这里，我们不研究群体的组织化演进过程，我们将更多关注那些已经完全组织化的群体。通过这种方式，我们将看到群体的状态，但群体并不都处于这种状态。只有在组织化群体的成熟阶段，某些新的和特有的特征才会叠加在民族性格不变的特征之上；然后才会发生我们前面所说的那种转变，即群体的思想和情感朝同一个方向聚合，也只有在这样的情况下，前面所说的群体心理统一律才会发挥作用。

在群体的心理特征中，有些特征可能与独立个体的心理特征相同，也有一些特征是群体所特有的，而且也只有在群体中才能看到。我们首先要研究的正是群体特有的这些特征，以强调它的重要。

群体最显著的特征是：不管组成这个群体的个体是谁，不管他们有怎样的生活方式、职业和性格，也不管他们的智力水平是否相当，他们一旦构成群体，就一定拥有一种集体意识。这种集体意识会使他们的思想、情感和行为方式，与每一个人处于独立状态时的思想、情感和行为方式完全不同。如果个体没有聚集成群体，他们就不会产生这些新的思想和感情，也就不会付诸行动。心理群体是由不同成分组成的临时群体，这些不同成分是在某一时刻被结合在一起的，就像细胞临时重新组合，形成新的生物体一样，会表现出原来的生物细胞所没有的特征。

人们惊异地发现，与思想敏锐的赫伯特·斯宾塞[1]的观点相反，构成群体的各个成分并不存在某种累加或均值，他们实际发生的是一种化合反应，然后产生新的特征。就像在化学中，某些元素——比如酸和碱——结合在一起，就会发生反应形成新的物质，这种新物质的性质与形成这种物质的成分的性质完全不同。

要证明群体中的个体与独立的个体不同并不难，但要弄清产生这种差异的原因却很不易。

想要窥见产生这种差异的原因，我们必须首先了解现代心理学的一些发现，即无意识不仅支配人的生理现象，也主

1 赫伯特·斯宾塞（1820—1903年），英国哲学家、社会学家，社会达尔文主义之父。他把进化论中的适者生存观念用于社会学，认为社会与国家也是一个生物有机体。——译注

宰着人的精神活动，而且在人的精神活动中，无意识活动比有意识活动更重要。虽然即便是最敏锐的分析家和观察者也只能发现极少的决定其行为的无意识动机，但我们的有意识行为只是无意识在心理底层活动的结果，这种活动主要受到先天因素的影响。心理深处的这种活动由世代相传的无数共同特征组成，并由此形成一个民族的性格。在我们可以言说的行为动机背后，无疑存在着未被言说的动机，而在这些动机背后，还有许多我们自己也无法察觉的更为隐秘的动机。我们日常行为的很大部分都隐藏着这些动机，这些隐秘的动机会逃避我们的觉察。

在构成民族性格的无意识方面，所有属于这个民族的个体都非常相似，不同的主要是他们性格中的有意识成分，即教育的结果。智力层面完全不同的个体拥有的本能、喜好和感情却非常相似。凡是属于情感范畴的东西，比如宗教、政治、道德、爱憎等便是如此，最杰出的人与最普通的人在这些方面表现得极为相似。从智力的角度看，一个伟大的数学家和一个靴匠之间可能存在巨大差距；但从性格的角度看，两者之间的差别十分微小，甚至根本没有差别。

这些由无意识力量支配的性格在同一个民族的大多数人

身上都有体现，所以我说，正是这些性格构成了一个群体的共有特性。

在群体中，个体的理性能力被削弱，因此个体的个性也被削弱。个体的异质被群体的同质淹没，无意识属性便占了上风。

事实上，群体只拥有很普通的品质，所以群体永远不可能有高智力的行为。由一群各领域的专家和有名望的人所作出的涉及整体利益的决定，并不会明显优于由一群能力低下者所作出的决定。事实是，在作出决定时他们只能拥有平庸的品质，而这些品质正是普通人与生俱来的。群体中聚积起来的是愚蠢，而不是智慧。如果我们把群体想象成“世界上所有的人”，那么，并不是“世界上所有的人”加在一起就比伏尔泰更有智慧，反而是伏尔泰比“世界上所有的人”更有智慧。

按上述的推断，如果群体中的每一个人都把各自共同的品质加在一起，那得到的只会是平庸的均质。但事实并非如此，我们前面说过，群体会创造出异于个体的新特征。那么，产生这些新特征的原因又是什么呢？这就是下面我们要探讨的问题。

群体中出现的这些新特征是群体特有的，而不是孤立的个体所拥有的。

第一个原因，个体在群体中仅仅想到人的数量就会获得一种无所不能的力量，这种力量能让他发泄自己的本能，但他在独自一人时会克制这种本能。而且当他想到自己在群体中是匿名的，无须自己承担后果时，那种控制个人行为的责任感就会消失，他也就不会克制自己。

第二个原因是传染，它决定着群体的行为特征，同时也决定着群体的情绪走向。在群体中，传染是一种很容易观察到的现象，却很难解释。它应当归入我们下面所要研究的催眠之类的现象。在群体中，每一种情绪和行为都具有很强的感染性，以至于个体会为了集体的利益欣然牺牲个人的利益。这是一种与人的本性截然相反的倾向，如果个体不是在群体中，它就很难实现。

第三个原因，也是最重要的原因，它决定了个体在群体中的特殊特征，这些特征与独立个体所表现出来的特征完全相反。我指的是他们易受暗示，上面提到的传染正是易受暗示的结果。

为了理解这一现象，我们有必要了解心理学的最新发现。今天，我们知道，很多手段都可以把人引入某种完全无意识的状态，让人对剥夺其意识的操作者唯命是从，做出与自身性格和习惯完全背离的行为。我们通过细致观察似乎也可以发现，长期淹没于群体中的个人也会进入“催眠状态”，这种状态的出现要么是因为群体在散发“磁力”，要么是因为受到我们尚不可知的原因的影响。这种状态与被催眠[1] 的人所表现出来的状态非常相似。被催眠后，人的大脑处于麻痹状态，被催眠者会成为集体无意识活动的奴隶，而这些活动却是催眠者可以任意引导的。人的意识人格完全消失，人失去了意志和思辨能力。一切情感和思想都朝向催眠者的引导。

这大致也是“心理群体”中个体的状态，个体不再能意识到自己的行为。在这种状态下，个体就像被催眠一样，某些官能被摧毁，另一些官能却高度亢奋。

在暗示的作用下，个体会以无法遏制的冲动去完成某些

1 催眠，指催眠师提供暗示，以唤醒受试者的某些特殊经历和特定行为。在催眠状态下，一个人可能经历“在感知、思维、记忆和行为上的改变”，出现暂时的麻痹、幻觉和遗忘等，容易对催眠师给出的暗示做出反应。——译注

行为。在群体中产生的这种冲动比被催眠的个体产生的冲动更强烈，因为同一种暗示会让群体中所有的个体在彼此的相互作用下变得更疯狂。在群体中，能以独立的个性抵抗暗示的人太少了，能与潮流抗争的人更少，顶多只能用不同的暗示来转移一下群体注意力，比如，可以通过一张愉悦的笑脸激发群体中的个体产生不同的想象，从而阻止群体的嗜血行为。

于是我们看到：意识人格消失了，无意识人格开始展现。通过暗示，群体中个体的感情和思想交互感染，然后转向同一个方向，并立即把暗示的指令转变成行动；这正是群体中的个体的主要特征，个体不再是他自己，而是一台不受自我意识控制的机器。

而且，个体仅仅因为是组织化群体的一部分，他就会在文明的阶梯上下降好几级。独立的他可能是有教养的，但在群体中，他会成为一个野蛮人，也就是说，他会变成一个被本能支配的动物。他拥有自发性的本能——暴力、残忍，还有原始生物的狂热与英勇，因为他轻易就能被语言和形象打动——这些语言和形象对独立的个体不会有作用——并在语言和形象的诱惑下做出与自己最明显的利益、最熟悉的习惯完全相背的行为。群体中的个体只是沙堆中的一粒沙子，风

雅克·布里索被送上断头台

雅克·布里索是法国大革命时期吉伦特派领导人，平民出身。1793年6月2日，吉伦特派的统治被推翻，雅克·布里索在逃亡途中被捕。同年10月31日，他被革命群众送上断头台。他的主要著作有《刑事法理论》《美国南方黑人杂记》和《关于法国大革命及其同时代人的回忆录》等。

随意就可以将它吹起。

正因如此，人们才会看到，陪审团[1] 做出的裁决往往是每

1 陪审团，英文原意为“临时公民审判团”或者为“公民审判团”，指被法律召集来听取并在法庭上对案子做出最终裁决的一组人员，即庭审中用以判定事实的团体，多见于英美法系国家。——译注

一位陪审员私下不赞成的；而议会通过的法案也可能是每一位议员私下反对的。国民公会中的成员都是温和而开明的公民，但是当他们群集时，他们会毫不犹豫地赞成最野蛮的提案，赞成把明显无辜的人送上断头台；而且会违背自己的利益，放弃他们最不可侵犯的权利，然后彻底毁掉自己。

群体中的个体与独立个体的本质区别不仅仅在于他的行为。在他完全失去独立性之前，他的思想和感情已经发生了转变，这种转变是如此深刻，以至于会让守财奴也变得挥霍无度，把怀疑论者变成信徒，把诚实的人变成罪犯，把懦夫变成英雄。在1789年8月4日 的那个“欢庆之夜”[1]，贵族们在激昂的气氛中投票赞成放弃他们自己的一切特权，这如果放在平常，肯定没有一个成员会同意。

从前面的描述中可以得出这样的结论：群体在智力上总是低于独立的个体，但从情感和它所激起的行为看，群体可

1　1789年8月4日晚，一百多名国民公会成员投票赞成废除旧制度的封建特权，包括刑事豁免权，他们在投票后为自己的爱国热情感动得抱头痛哭，但正是这一决定为罗伯斯庇尔及后来者大规模屠杀公会成员敞开了大门。——译注

法王路易十六被处决

1793年1月21日，法王路易十六被愤怒的群众送上断头台。临刑前，他说："对于被指控的罪行，我是无罪的，但愿我的血，能够成为法国人民幸福的凝结剂。"

能比个体更好，也可能更坏。这一切都取决于群体所接受的暗示的性质。这一点完全被只从犯罪角度研究群体的学者们误解了。

毫无疑问，群体往往比个体更容易犯罪，也往往更英勇。与单独的个体相比，群体更容易燃起对荣誉和勋章的热情。就像十字军东征时期一样，在几乎没有面包和武器的情况下，被引领的信徒们仍从异教徒的手中解救了基督的墓地，或者像1793年那样[1] 去保卫祖国的疆土。这种英雄主义无疑是不自觉的，但正是这种英雄主义创造了历史。如果人类只把冷静的伟大行为载入史册，那可以载入世界史的将寥寥无几。

1 在处死路易十六（1793年1月21日）之后，法国国民公会在2月1日同时向法国、英国和荷兰宣战，并在2月24日向全国发出三十万征兵令，3月7日又向西班牙宣战。——译注

第二章　群体的情绪与道德

1. 群体的冲动、多变和易怒

群体受所有外部刺激因素的支配，而且会不断地对这些因素的变化作出反应 / 群体所服从的冲动是多么专横，以至于它完全不顾个人利益 / 群体中不会有冷静的预谋 / 民族因素的影响

2. 群体的轻信与易感

群体对暗示的服从 / 群体会将心中激发出来的形象当成真实形象来加以接受 / 为什么这些形象对群体中所有个体都一样 / 受教育的人和没有受过教育的人在群体中没有区别 / 群体中的个体被各种幻觉控制的例子 / 不能相信群体的证言 / 证人大都一致的证言最不可信，不能作为证据 / 历史书的价值不大

3. 群体情绪的夸张与真率

群体不认可怀疑或不确定性，并且总走极端 / 群体的情绪总是很过度

4. 群体的偏执、专横和保守

这些情绪产生的原因 / 群体在强大威权面前的奴性 / 群体一时的革命本能并不能改变他们的极端保守 / 群体本能地敌视变革和进步

5. 群体的道德

根据群体所受暗示的强弱，群体的道德可能比组成群体的个体低很多或高很多 / 实例与阐释 / 群体很少会受到利益的引导，利益考量往往属于独立个体 / 群体的道德教化作用

在概括地指出了群体的主要特征之后，我们还需要对这些特征进行进一步研究。

人们会注意到，群体特有的特征，比如冲动、易怒、不理性、缺乏判断力与批判精神、情绪夸张，几乎总是在进化思维相对落后的人身上才能看到，比如野蛮人、儿童和个别妇人。这不在本书的探究范围内，这里我只是在顺带类比。而且这样的问题，对于熟悉原始人类心理的人来说将不是问题；但对于对这一问题一无所知的人来说，则不会有任何说服力。

现在，我开始探讨在大多数群体中可以观察到的特征。

1. 群体的冲动、多变和易怒

在研究群体心理的基本特征时，我们曾说，群体几乎完全由无意识动机所支配，其行为受脊髓的影响比受大脑的影响多很多。在这方面，群体与原始人类极为相似。就其执行的力度而言，群体的行为可能是完美的，但由于这些行为不受大脑支配，所以其行为完全由偶发刺激因素所决定。群体完全受外在的刺激因素支配，并能不断地随刺激因素的变化而变化。群体是外在刺激激起的冲动的奴隶。独立的个体也可能会像群体中的个体一样，屈从于同样的刺激，但他的大脑会告诉他，屈从于这样的刺激是不明智的，他会控制自己使自己不去屈从。这在生理学上可以这样表述：独立的个体有控制反射性行为的能力，群体则没有这种能力。

根据刺激因素的不同，群体的各种冲动可能是宽容的或残忍的，也可能是英勇的或怯懦的，但一定是蛮横的，以至于个体的利益，甚至自卫本能都不能再支配它们。许多刺激因素都可以作用于群体，群体总会服从它们，因此，群体也是极其多变的。这就解释了为什么我们会看到，群体可以在一瞬之间，从最嗜血的残暴转变为最极端的宽容与英勇。群体很容易成为刽子手，也很容易成为殉道者，正是因为群体为每一种信仰的最终胜利提供了充足的血液。想要理解群体的殉道行为，我们不必回溯那些英雄年代，只要认识到他们在暴乱中从不惜命就够了。就在不久前，一位将军[1] 突然赢得

1 （一位将军，指布朗热将军。——原注）布朗热（1837—1891年），1857起先后参加过阿尔及利亚战役、意大利战役、交趾支那战役和普法战争，担任过荣誉军团（转下页）

了民众的拥戴，如果他要求的话，当时成千上万的人一定愿意为他的事业奉献生命。

因此，群体不可能有任何理性的、有预谋的行为。他们会不断地被最对立的情绪激起，而且他们只受当前刺激因素的影响。他们像被狂风吹起的树叶，向四周散开，又很快落下。在后面研究某些革命群体时，我们还将举例说明群体情绪的多变。

群体的多变性使得群体很难管理，尤其是当公权力落入他们手中时。如果日常习惯对生活不再有无形的调节作用，那么民主政府不可能持久存在。群体的愿望虽然狂热，却难以持久。群体不会有长期持续的愿望，就像它不会思考一样。

群体的情绪不仅冲动、多变，群体也像野蛮人一样，并不愿意承认愿望的实现存在阻碍。因为他们人数众多，貌似具有不可抵抗的力量，所以他们不认可愿望的实现存在阻碍。对于身处群体的个体而言，“不可能”是不存在的。一个独立的个体非常清楚，单凭他一个人是不能去放火烧毁一

（接上页）团指挥，1884年晋升为准将，任师团指挥，是19世纪80年代法国著名的军事家和政治家。——译注

整座宫殿或抢劫一家商场的，即使他受到诱惑，他也能轻易控制住这种诱惑。但当他是群体中的一员时，他会立即感受到群体人数众多带给他的力量，这种力量使他立即屈从于诱惑并去杀人或抢劫。疯狂的愤怒将摧毁眼前的一切阻碍。如果人的机体允许狂怒的激情永存而不疲惫，我们可以说，欲望受阻的群体的状态正是这种狂怒的状态。

民族的基本性格是我们一切情绪的来源，它始终影响着群体的易怒性、冲动性和多变性，也影响着我们将要研究的群体的一切情绪。是的，任何群体都是易怒和冲动的，只是程度不同而已。比如，拉丁人群体和盎格鲁-撒克逊人群体[1]就很不一样，法国现代史的事实清楚地说明了这一点。25年前，仅仅因为公开了大使收到的一份侮辱人的电报，民众的

1 拉丁人，原指古代定居于亚平宁半岛中西部拉丁姆平原的民族。现在泛指受拉丁语文化影响较深的民族。代表拉丁民族的国家有法国、意大利、西班牙、葡萄牙、罗马尼亚等。盎格鲁-撒克逊人，指公元5世纪初到1066年诺曼征服之间，生活在大不列颠岛东部和南部地区文化习俗相近的一些民族。现在代表盎格鲁-撒克逊人的国家有英国和美国等英语国家。——译注

暴怒就被激起，并很快引发了一场可怕的战争[1]。几年后，一份关于军队在谅山[2]的一次微不足道的失败的战报，也引发了一场新的暴动，并导致了当时政府的迅速覆灭。与此同时，英国远征喀土穆[3]的严重失利在英国却只引起了轻微的波动，并没有任何部门受到影响。世界上各个群体都有很明显的女性化特征，拉丁人群体的女性化特征最为明显。无论是谁，只要赢得拉丁人群体的信任，他的声誉都会立即达到很高的高度，但此后，此人的命运就只能像沿着塔布安岩石的边缘行走一样，每一天都有跌落下去的风险。

2. 群体的轻信与易感

在定义群体时，我们说过，太易受暗示的影响是群体的普

1 这里指普法战争，即普鲁士王国为了统一德国，与法兰西第二帝国因为争夺欧洲大陆霸权爆发的战争。战争由法国发动，最后以普鲁士大获全胜，建立德意志帝国而告终。——译注

2 越南北部边境省份，其时属法国殖民地。——原注

3 苏丹首都。——原注

遍特征，而且我们还说明了暗示在人群中引发的传染有多严重；这一事实也解释了群体情绪为什么总会朝一个明确的方向迅速转变。不管群体表现得多么冷漠，群体始终处于一种期待关注的状态，这使得任何暗示都变得容易。第一次暗示一旦出现，通过传染，它就会立即灌输进所有群体成员的大脑，群体情绪的一致化倾向会立即将这种暗示变成既成事实。

所有受到暗示的群体成员似乎都一样，进入他们大脑中的信息往往会转变成某种行为。无论这种行为是放火烧毁一座宫殿，还是自我牺牲，群体中的个体都乐于全力以赴。这一切都取决于刺激因素的性质，而不再像独立的个体那样一切都取决于行为以及阻止这一行为发生的理由。

与没有理性约束力的生物一样，群体也具有很强的暴力倾向。群体总是徘徊在无意识的边缘，随时准备屈从于暗示。群体没有判断能力，除了极端轻信，别无他能[1]。对群体

1 经过巴黎保卫战的人，都见证过群体的轻信。比如在阁楼中燃起的一支蜡烛，会被立即看成是发给围攻者的信号，但只需稍加思考就知道，很明显，九英里之外根本不可能看见这里的烛光。——原注

来说，永远不存在不可能的事。我们有必要记住这一点，只有这样才能理解为什么那些匪夷所思的传奇和故事会被创造出来，并四处传播。

传奇故事如此容易在群体中流传，并不仅仅因为群体极度容易轻信他人，还因为群体的想象有巨大的歪曲能力。在群体中，最简单的事件不但会被放大，而且性质也会改变。群体只使用形象思维，而一个形象又会立即唤起一系列与第一个形象没有逻辑关系的形象。这种情况只要我们思考一下便不难理解当我们想到某件事时也常会被一连串奇怪的念头所影响，但我们的理性会告诉我们，这些形象并不连贯，可是群体不仅完全无视这一真相，而且还会将扭曲变形的想象叠加在真实事件之上，使两者混淆。群体几乎无法区分主观和客观。在群体大脑中诱发的形象与事实之间虽然没有多少关系，但群体仍然会认为这些形象是真切的。

似乎因为组成群体的个体的性情各不相同，所以群体对某个事件进行曲解的方式也就各不相同。但事实并非如此。由于传染的作用，个体对某个事件的曲解是相同的，而且这个事件在群体成员大脑中的形象也一样。

第一个扭曲真相的人是群体曲解的开始，是具有传染性的暗示的起点。在圣乔治[1]出现在耶路撒冷城墙之前，在场的某一个十字军人一定首先感受到了他的存在。在暗示和传染的作用下，一个人幻想的神迹立即被所有人所接受。

这就是历史上频繁出现的集体幻觉的机制所在。这种幻觉似乎具有公认的真实性，因为成千上万的人都曾亲眼睹过。

要反驳上述观点，我们不必考虑群体中个体的心灵品质，因为这种品质并不重要。博学的人和无知的人在群体中都无法被我们单独看到。

这一论点似乎自相矛盾。要透彻证明这一点，仅仅翻阅几部书卷是不够的，我们还必须对大量的史实进行研究。

因为我不想给读者留下妄下断言的印象，所以我将从大量可以引用的事例中举出几个例子来加以说明。

1 圣乔治（260—303年），基督教圣徒。公元302年，罗马帝国皇帝颁布法令，命令逮捕军队中的每一个基督徒士兵，并将其献祭给罗马神。作为基督徒的乔治以无畏的勇气开始了与皇帝的对抗。罗马皇帝为了使其信仰罗马神，给了他无数世俗的恩惠，都被他断然拒绝。公元303年4月23日，乔治被斩首于尼科米底亚的城墙之上。——译注下列事例非常典型，因为这个产生集体幻觉的群体包含了最无知的和最博学的个体。海军中尉朱利安·菲力克斯在他的《海流》一书中也曾顺带提到过这一事件，后来还被《科学周刊》引用。

“女神”号护卫舰正在公海上巡航，目的是寻找暴风雨中失联的“摇篮”号巡洋舰。当时正是白天，阳光充足。突然，瞭望的船员发出信号，说发现一艘损坏的船。船员们向他所指的方向望去，所有军官和水手都清楚地看见一只木筏，上面坐满了人，木筏被那发着求救信号的船只拖着。但实际上这只是一个集体幻想。海军上将德斯弗斯让船员们放下救生艇，去营救那些遇难的水手。在快要接近那个看得见的物体时，救生艇上的水手和军官都看见“一大群人挣扎着伸着他们的双手”，还听到了“嘈杂而沉闷的声音”。但当他们接近目标时，艇上的人却发现，他们眼前只有几根树枝，上面覆盖着从邻近海岸刮来的树叶。在如此确切的事实面前，他们的幻觉才完全消失。

在这个例子中，我们可以看到集体幻想的作用机制：一方面，群体正处于紧张的期待状态中，另一方面，瞭望员所发出的“发现一艘破损船只”的信号成了一个暗示，经过传染，这个暗示被船上所有的军官和水手共同接受了。

为了扭曲眼前正在发生的事实，用与事实无关的幻觉取而代之，群体的人数并不需要很多，即使是少数的几个博学之士，他们也能在其专业领域之外成为一个群体，他们每一个人原有的观察力和判断力都会立刻消失。天才心理学家戴维为我们提供了一个非常有趣的例子，《心理学年鉴》近期也引用了这个例子，在此很值得引述。

戴维召集了一群杰出的观察者，其中包括英国杰出的科学家华莱士先生。戴维让他们检查了观察物，并允许他们在上面随意留下标记，然后在他们面前展示显灵、石板显字等灵异现象。随后，这些杰出的观察者所提交的报告都承认，他们观察到的确实是超自然现象。但最后，戴维告诉了他们，这都是一些非常简单的小把戏而已。叙述者还写道：“戴维先生的研究中最令人惊讶的，并不是那些诡计本身有多么神奇，而是那些不知情的观察者所提交的报告所展现的极端无力。”“那么”，他接着说，“很明显，即使观察者人数众多，他们也同样可能得出完全错误的结论；如果承认他们的描述是准确的，那么他们所描述的现象就不是魔术，而是灵异现象。戴维先生的致幻手法很粗糙，但令人惊讶的是，他仍然有胆量明目张胆地使用，原因就是，他有操控群体心理的能力，他能使群体相信他们确实看到了并不存在的东西。”

在这里，我们再次看到了催眠的力量。而且，当我们看到这种力量在有很高理性逻辑能力的头脑中也能发挥作用时，我们可以想象到催眠一般大众是多么容易。

类似的例子还有很多。在我写这几行字时，报纸正铺天盖地地报道两个小姑娘在塞纳河溺水身亡的事。一开始，有六个证人肯定自己清楚地认出了这两个孩子，而且六个人的证词都一致，容不得检察官有丝毫怀疑。检察官起草了死亡证明，但就在为两个孩子下葬时，人们偶然发现，“死了”的两个孩子还活着，而且相貌与溺亡的孩子也不相像。与之前列举的几个例子一样，第一个证人产生了幻觉，他的证词影响了其他证人。

在类似的例子中，暗示总是始于一个人大脑中产生的模糊幻觉，这种最初的幻觉一旦被另一个人肯定，就会开始感染他人。如果第一个观察者很感性，他就会相信，除了真的很像以外，还有另一些特征，比如疤痕或服饰的一些细节，以使其他人相信他的判断。然后，这一共识会成为一个“结晶过程”的核心，这一“结晶”会侵害理性，并使人的判断力完全丧失。这时，观察者所看到的已不再是物体本身，而是他大脑中被唤起的形象。通过这种方式，我们也可以解释下面的案例，为什么孩子的母亲也会错认自己孩子的尸体。这个事件已经过去很久了，但最近报纸又重提起。在这个事件中，我们可以看到刚才已指出的交互感染机制。

一个学生认出了溺亡的孩子，但他认错了。然后，一系列毫无根据的确认开始了。

一件不寻常的事情发生了。在那个学生认出尸体的第二天，一个女人失声大叫道：“天哪！这是我的孩子！”

她被带到尸体前。她检查了他的衣服，还看到了前额的那一块疤痕。“我很确定，”她说，“这是我的儿子，他是在去年7月失踪的。有人把他从我身边偷走，然后杀害了他。”

这个女人是杜弗尔街上的一个门房，夫姓夏凡德雷。她的姐夫被传唤了过来，在接受询问时，他说：“那就是小菲利伯特。”住在这条街上的好几个人也认出了在拉维莱特发现的人就是菲利伯特·夏凡德雷。其中，这个男孩的老师，他的结论则是根据男孩身上戴的一枚徽章得出来的。

不过，邻居以及孩子的姨父、老师、母亲都错了。六周后，孩子的身份得到了确认。那孩子是波尔多人，在波尔多被人谋杀后，再被运到了巴黎。

我们可以注意到，错误的辨认是由妇女和儿童开始的，也就是说，是由最易受影响的人作出的。同时，他们也向我们表明了这样的证人在法庭上的可信度较低。尤其是儿童，他们的证词更不能采信。法官总是反复强调，儿童不会说谎。如果法官的心理成熟度稍微好一点，他们就知道恰恰相反，儿童总是撒谎。孩子的谎言无疑是无辜的，但它仍是谎言。宁可掷硬币决定被告的命运，也不要采信儿童的证言。

回到群体所具有的观察能力上来，我们的结论是，群体的见证完全可能是错误的，他们的见证往往只是一个人的幻觉，而且还会通过暗示向同伴传染。事实证明，不采信群体的证言是明智的，而且怎么不采信也不为过。在25年前的色当战役[1]中，有成千上万的人参与了那场著名的骑兵冲锋，但面对矛盾的证词，我们根本无法确定是谁在指挥这场战役。英国将军沃尔斯利[2]勋爵在新近出版的一部书中证明，虽然有几百位目击者证实，但迄今为止，最严重的史实错误仍然是发生在滑铁卢战役[3]中那些最重要的、有数百万人见证的事件[4]。

1 色当是法国东北部的一个城市。色当战役指发生于1870年普法战争时期的一场血腥战役，结局是普军俘虏了拿破仑三世及其麾下的军队。——译注

2 沃尔斯利（1833—1913年），英国陆军元帅，著有《拿破仑衰亡史》等。——译注

3 1815年6月18日，法军与反法联军在比利时小镇滑铁卢进行了一场决战，结局是反法联军获得全面胜利。这是拿破仑一世的最后一战；战后拿破仑被放逐到圣赫勒拿岛，从此退出历史舞台。——译注

4 我们真的知道一场单一的战斗是如何发生的吗？对此，我很怀疑。我所知道的全部就是谁赢了、谁输了。哈考特先生参与并见证了索尔弗利诺战役，但他说的话生可能适用于所有战役。“将领提交了正式报告，文官修改了这些报告，秘书提出了异议，将领推翻重写后报告才送到了元帅手里。元帅见了惊叫：‘你们完全错了！’于是他换了个全新的版本。最初的报告在这个新版本中几乎没有留下什么。”哈考特先生说出这件事是为了证明，即使是很多人见证过的重大事件，也无法复原其真相。——原注

这些事实告诉了我们群体证词的价值所在。众多证人证言一致的证词，从逻辑上看是最强有力的，可用以确保事实的准确性。但是，群体心理学知识却告诉我们，逻辑学在这一点上需要重写。最可疑的事件一定是目击者众多的事件。如果说一个事件同时得到成千上万证人的证实，通常也就是说，真实的事实与成千上万人证实的事实一定很不同。

由此我们可以得出一个结论，那就是，我们必须将历史著作视作纯粹虚构的作品。它们总是对未能全面观察的事实进行异想天开的描述，并伴随着作者个人的想法和解释。因此，写这样的书绝对是在浪费时间。如果历史没有给我们留下它的不朽的文学、艺术作品，我们对过去的时代就可能一无所知。关于那些在人类历史上举足轻重的伟人，如赫拉克勒斯[1]、佛陀或者穆罕默德，我们能看到有关他们生活的真实记载吗？不能。何况，他们的生活对我们而言并不重要，我们感兴趣的是他们传说中伟人的样子。留给人深刻印象的永远是英雄的传奇，而不是真实的英雄。

1 赫拉克勒斯，古希腊神话中最伟大的英雄，被认为是众神之王宙斯和大英雄珀尔修斯孙女之子。——译注不幸的是，传奇故事即使已经记录在案，但它本身仍然没有一致性。随着时间的推移，尤其是受种族因素的影响，群体的想象力会不断地改造它。《旧约》中的耶和华与圣女特蕾莎[1] 存在着巨大差别，中国人崇拜的佛陀与印度人崇拜的佛陀之间也没有共同之处。

英雄传奇被群体的想象力改变，无需数百年的时间，有时，甚至只需几年就能完成。今天，我们已经看到，一代伟人的传奇故事在不到50年的时间里已经被改写了好几次。在波旁王朝统治时期，拿破仑成了田园牧歌的吹奏者和自由主义的慈善家，是人民的朋友，在诗人的笔下，他注定会被人民铭记于心。但是，仅仅30年后，这位随和的英雄就变成了血腥的暴君，他篡夺权力，摧毁自由，仅仅为了满足自己的野心，就残忍地屠杀了300万人。现在，我们正见证着这一传奇的又一次改变。

1 圣女特蕾莎，著名的天主教慈善工作者，一生致力于消除贫困，主要在印度加尔各答为穷人服务。她相信上帝的仁爱，她的“仁爱传教会”在印度首都新德里和兰奇设立了两座垂死者收容院，即孟加拉丁语的“静心之家”。

拿破仑在德累斯顿

拿破仑·波拿巴（1769—1821年），即拿破仑一世，是19世纪法国伟大的军事家、政治家，法兰西第一帝国的缔造者。在法国革命群众的眼里，拿破仑不趋时髦，也不遵守社会的陈规陋俗，是一个有着钢铁意志的大野心家。图为拿破仑率领主力军回援德累斯顿，与第六次反法同盟联军对垒。

在经历了几十个世纪的演变之后，未来的学者们在面对这些相互矛盾的叙述时，也许会怀疑这个英雄的存在，就像现在一些学者怀疑佛陀的存在一样，他们也会认为拿破仑不过是一个闪亮的神话或一个关于赫拉克勒斯神话的变体。面对这种不确定性，他们无疑很容易感到满足，因为对于群体的心理，他们比今天的我们了解得更多。他们知道，除了神话，历史几乎不能保存任何记忆。

3. 群体情绪的夸张与真率

群体表现出来的情感无论好坏，都表现出非常率真、非常夸张的双重特征，就像其他许多方面一样。在情感上，群体中的个体很像原始人类。他们只能笼统地看待事物，他们无法分辨事物的细微差别，他们只能看见事物的两端，看不到事物发展的过程，即中间状态。在群体中，情感一旦表露，就会通过暗示和传染机制迅速传开，被赞颂的对象，其力量会被无限放大，群体的情感也会因之变得极为夸张。

群体情绪的率真和夸张导致群体中的个体既不知道怀疑，也不知道一切都不确定。就像某些女人一样，群体中的个体也会走向极端。一旦怀疑，怀疑也会立即成为铁证。对于在群体之外的独立个体，其反感或不满心理都不会无端增强；但对于在群体中的个体，其反感和不满心理一旦出现，就会立即变成强烈的愤恨。

由于责任感的缺失，群体的暴力倾向也会大为增强，特别是在异质群体中。有罪不罚的观念会随着群体人数的增多而更加牢固，而且群体人数增加所产生的强大感更会使群体中的个体完全失去自己独立时的情感和行为倾向。在群体中，愚蠢、无知和嫉妒的人也会从他们的渺小和无能中解脱出来，获得残忍、短暂但十分巨大的力量。

不幸的是，群体这种夸张的情感往往会被恶意引导。恶意的情感是一种本能返祖，是原始人类的残余，独立的个体会因为责任感和对惩罚的恐惧，迫使自己竭力压制这种本能，但群体则很容易被引向极端。

这并不是说，群体不可能具有英雄气概和献身精神，从而表现出最崇高的美德；在某种因素的巧妙影响下，群体有时比独立的个体更能表现出这样的品质。后面，在我们研究群体的道德时，我们会再回到这个问题上来。

由于群体的情感过于夸张，所以群体只能被夸张的情感打动。一个演说者想要打动大众，就必须夸张，而且还要不断重复，不能试图用推理来证明任何事情，这都是公共演讲者熟悉的技巧。

而且，群体要求自己的英雄也要有这种夸张的情感，他们的品质和美德必须被放大。人们说得很对，观众作为群体，他们要求剧中的主角必须具有在现实生活中永远找不到的勇气、品行和美德。

这里必须要强调，观众在面对舞台时的视角十分特殊。这一视角与戏剧的规则无关，即常识与逻辑无关。吸引大众的戏剧即便品位低下，也需要演员拥有非常特别的天分。只读剧本，你肯定无法理解一部戏为什么会成功。剧院经理在选择剧本时，根本没法判断它是否能获得成功，因为要作出判断，就必须将自己变成观众群体中的一员[1]。

1 正因为如此，我们便很容易理解，为什么有时被所有剧院经理拒绝的作品，因为一个偶然的机会登上舞台，却获得了巨大的成功。众所周知，最近获得巨大成功的剧作《为了皇冠》，作者弗朗索瓦·戈贝虽然很有名，但这个剧本却被巴黎重要剧院的经理们拒绝了10年之久。

被多家剧院拒绝的《查理姨妈》最后获得一位股票经纪人的投资，获得了很大的成功，在法国的演出有200场，在伦敦有1000多场。剧院的经理们想通过理性来分析一个群体，想代替一个群体作判断。如果没有上面的解释，在一群有能力的剧院经理身上发生如此严重的误判便是无法想象的。在这里，我不能讨论这个话题，但这个话题对既是剧作家，同时又是一个敏锐的心理学家的人，比如弗朗西斯科·萨尔西来说，一定会很有意思。——原注在这里，如果我要作出进一步的解释，就该再次说明种族因素的决定性作用。一出能在一个国家激发起观众热情的戏，在另一个国家却很不成功，或者只是获得部分成功，这都是因为群体变了，它的影响机制对群体不再起作用。

夸张的只会是群体的情感，而不会是智力。我已经说过，一个人，仅仅因为他属于群体，他的智力水平就会立即大大降低。博学的法官塔尔德[1] 先生在研究犯罪群体时也证实了这一点。所以，只有在情感方面，群体才会走向两个极端，不是颂扬就是唾弃。

4. 群体的偏执、专横和保守

群体只懂得简单和极端的情感。对暗示给他们的任何观

1 塔尔德（1843—1904年），法国社会学家，犯罪学家，心理学家。“社会模拟论”是其社会学理论的核心，他认为，不存在任何超越个体心理体验的实体，一切社会过程都是个体之间的互动。人的行动都是在重复某种东西，是一种模拟。他的主要著作有《比较犯罪学》《模拟定律》《刑法哲学》等。——译注

点、想法和信念，他们要么视作绝对真理，要么视作绝对谬误，要么全然接受，要么全然拒绝。他们对由暗示而不是理性推论产生的信念总是如此。每一个人都知道，与宗教信仰相伴的常常是偏执以及对思想的专制。

一方面，群体质疑一切真理和谬误；另一方面，群体又清楚地知道自己的力量，所以群体往往既偏执，又对权威绝对服从。个体可以接受反驳和辩论，但群体绝对不会。在公众集会上，如果演说者稍有异议立即就会招来怒吼和谩骂，如果演说者仍坚持己见就会被暴力驱逐。如果没有权威的人在现场约束，反驳者经常会被打死。

专横和偏执在各种类型的群体中都十分常见，只是其强度各不相同。在这里，支配人的一切情感和思想的民族性又出现了。我们可以看到，在拉丁人群体中，专横和偏执的程度最高，高到可以完全摧毁个人的独立性；而盎格鲁-撒克逊人的个人独立性却非常突出。拉丁人群体只关心他们所属派别的“集体独立性”，他们对“独立”的理解有一大特点，认为必须用暴力镇压异己，使其无条件屈从于自己的信仰。在拉丁民族中，自宗教法庭出现以来，每个时期的雅各宾党人[1]都无法理解除此之外何为自由。

群体很清楚什么是威权，所以一旦强加威权给他们，他们就很乐意接受，也很容易付诸行动。群体对权力表现出驯服的强烈愿望和尊重，但对善良却只会略为感动，因为对他们来说，善良不过是软弱的表现。他们从不同情善良的人，却总对镇压自己的暴君百般服从。他们总是为后者竖立高大的雕像。

当然，他们也乐意践踏那些失去权力的暴君，但这是在这些暴君失去力量跌落成弱者之后。他们践踏这些曾经的暴君，因为这些人已不足为患。群体喜爱的英雄一定要有恺

1 雅各宾党人，指法国大革命时期参加雅各宾俱乐部的激进派政治团体成员，主要领导人有罗伯斯庇尔、丹东、马拉等。雅各宾党人把古代的民主制与近代资产阶级的民主制混淆，他们承认资产阶级的“合理性”，其“理性王国”在实践中只能表现为资产阶级的民主共和国，即保证资产阶级的政治统治和经济发展，但同时，他们又要限制和取缔新社会刚刚确立时的一切有生命力的事物及其发展，并且在政治上建立与民主共和国相对抗的个人独裁制。——译注

撒[1] 那样的外表，因为他的勋章吸引着他们，他的权柄震慑着他们，他的利剑使他们感到恐惧。

群体随时准备背离弱者，但他们在强权面前又总是卑躬屈膝。如果强权的力量时断时续，群体的服从也会变来变去，总是反复地从无政府状态过渡到被奴役状态，又从被奴役状态过渡到无政府状态。

但是，如果有人相信革命性是群体的首要特点，那他一定误解了群体心理。在这一点上，欺骗我们的只是群体的暴力倾向。他们的反叛和破坏性行为总是短暂爆发。群体在很大程度上只被无意识因素支配，所以也更多地受遗传因素的影响，因而也就极端保守。一旦对他们置之不理，他们很快就会厌倦混乱，本能地转向奴性。当波拿巴在各个方面压制人们的自由，让人们感受到了他铁腕的严厉时，即使是最桀骜不驯的雅各宾党人也会转而以最大的热情赞颂他。

如果不清楚群体极度保守的本能，我们就难以理解历

1　恺撒（前100—前44年），罗马共和国末期杰出的军事统帅和政治家，是罗马帝国的奠基人，史称恺撒大帝。——译注

史，尤其是民众革命的历史。是的，他们也希望给制度变个名称，并且为实现这些改变，他们有时甚至会选择暴力革命。但制度本质上是民族的遗传需要的体现，因此他们最终仍然会固守它。群体情感的易变只是表面的易变，他们其实像所有原始生物一样，都具有坚不可摧的保守本能。他们对一切传统的遵从才是绝对的，在他们的潜意识中，他们对任何可能改变他们生存基础的新事物都有根深蒂固的恐惧。在纺织机、蒸汽机和铁路出现的年代，如果国家仅拥有今天民主国家的权力，这些发明不可能付诸应用，至少要以革命和反复镇压的手段才能实施。文明的进步有其幸运的因素，那就是，在群体的力量出现之前，科学的重大发现和工业的革命性发展已经完成了。

5. 群体的道德

如果把“道德”一词理解为对社会习俗的持续遵守以及对自私冲动的永久抑制，我们就可以明显看出，群体太冲动，太易变了，因此群体是不道德的。但是，如果我们把“道德”一词的含义稍微扩大，将群体偶尔表现出的品质，比如克己、自我牺牲、无私奉献和正义感等也包含在内，那么正好相反，群体有时也会有高尚的品德。

少数研究过群体的心理学家只注意到群体的犯罪行为，而且只看到群体的常态行为便得出结论说群体的道德水准很低。

是的，犯罪是群体的常态。但这是为什么呢？

原因很简单，从原始时期继承下来的野蛮的、破坏性的本能一直蛰伏在人的心底。在生活中，一个独立的个体要满足这种本能是危险的，但在群体中，他会沉湎于不负责任的人流，他可以毫无顾忌地复活这种本能。在平常我们不能对我们的人类同胞发泄这种破坏性的本能，但我们会对动物施行这种本能。对狩猎和对同类的暴行的普遍热情来自同一个源头。一群人缓慢地虐杀手无寸铁的受害者，其所表现出的是非常怯懦的残忍。但在哲学家看来，这种残忍和猎人的残忍非常接近。猎人们成群结队聚在一起，享受着追捕并猎杀一只倒霉鹿子的快感。

群体可以犯下杀人、纵火等各种罪行，但他们也可以有非常崇高的行为，比如奉献、牺牲和无私，这些行为甚至比独立的个体所能表现的行为还要崇高。对光荣、荣耀和爱国的追求特别能打动群体中的个体，而且会令他们为此舍生忘死。历史上有很多类似于十字军东征和1793年民众起义时个人舍生忘死的例子[1]。只有群体，才会有极大的无私奉献精神。也只有在群体中，才会有无数人为自己几乎完全不懂的信仰、思想和豪言壮语英勇赴死。现在，工人罢工更多是为了服从命令，而不是为了提高微薄的薪水。个人利益是独立个体唯一的行为动机，却很少能成为群体的动力。在如此众多的战争中，引导人们参战的肯定不是个人利益。群体的智力并不能理解战争，但在战争中，他们却甘愿被屠杀，这是因为在战争中，他们已变成被猎人用镜子催眠的鸟群。

即使是那些绝对的无赖，也常常因为自己身处于群体，而短暂地拥有非常严格的道德原则。丹纳曾提请人们注意一个事实，即九月大屠杀[2]的凶手们把从受害者身上找到的皮夹

1 因执政的吉伦特派阻止革命的发展，1793年6月2日，愤怒的公社成员和被发动起来的巴黎人民包围了国民公会，推翻了吉伦特派，法国大革命因此进入高潮。——译注

2 1792年9月2日，法国大革命期间，因在押的保皇党分子在狱中策划起事，巴黎的一群武装群众袭击了一批转监的囚犯。此后4天中，袭击囚犯的事件扩大到巴黎城内（转下页）

和珠宝都放到了委员会的桌上，而他们原本完全可以把这些东西私自带走。在1848年的革命期间[1]，那些占领杜伊勒里宫的嚎叫着、涌动着的衣衫褴褛的人群并没有碰过任何令他们惊羡的东西，虽然那些东西中的任何一件对他们来说都意味着好多天的面包。

群体对个体的道德教化虽没有固定规则，但也存在需个体随时遵守的规则。甚至在比上面引述的例子更小的事情上，我们也可以看到群体对规则的遵守。我说过，在剧院里，观众都希望从剧中的英雄身上看到夸张的美德，所以由此不难看出，即使观众是一群品德低劣的人，他们也有一本正经的一面。但在面对危险的场景或色情表演时，那些放荡的人、皮条客和粗俗的人又会突然发出嗡嗡声，尽管与他们惯常的语调相比，这样的低语声不算有害。

（接上页）及凡尔赛、里昂、奥尔良、兰斯等地的监狱，至少1200名涉嫌参与反革命活动的囚犯被杀。——译注

1 1848年2月，法国发生了推翻七月王朝的“二月革命”，推翻了阻碍资本主义进一步发展的路易·菲利普的奥尔良王朝的统治，建立了资产阶级民主共和国。——译注

所以，群体虽然经常沉浸于低级的本能，但有时他们也会变成高尚的道德行为的典范。如果无私、顺从和对可靠或者虚幻的信仰的绝对忠诚也是美德的话，那么我们可以说，群体拥有的这些美德其高度有时远超最睿智的哲学家。这无疑是他们不自觉的行为，但是并不重要。对群体，我们不应该抱怨太多，因为群体受无意识因素的左右，他们并不进行理性思考。在某些情况下，如果群体中的个体也能理性思考，并关心自己的切身利益，那么在我们这个星球上就不会产生文明，也就更不会有人类的历史。

第三章　群体的思想观念、推理能力和想象力

1. 群体的思想观念

基本思想和次要思想 / 相互矛盾的思想是如何并存的 / 崇高的思想必须通过改造才能为群体接受 / 思想的社会影响与思想中包含的真理的多少无关

2. 群体的推理能力

群体不会受推理的影响 / 群体的推理能力总是很低级 / 群体的思想观念中只有类比和通过类比得来的表象

3. 群体的想象力

群体想象力的强度 / 群体只会形象思维，而且没有联系的形象也会相互关联 / 群体对令人震惊的东西往往印象深刻 / 传奇人物和非凡故事是文明的真正支柱 / 民众的想象力始终是政治家的力量基础 / 看待事件的角度是激发群体想象力的关键

1. 群体的思想观念

在以前的著作中，我们研究了思想在民族演进中的作用，在其中，我们曾指出，每一种文明都是少数很难被改变的基本思想的产物。我们还揭示过民族思想是如何艰难地植入民族性格中的，以及植入后这个民族所拥有的力量。最后，我们还看到，重大的历史动荡正是这些思想观念的变化所致。

对这一问题既然已有充分讨论，这里我便不再赘述。在这里，我只想谈很容易被群体接受的思想以及他们容易接受的形式。

思想可以分为两类：一类是由一时的影响所产生的偶然的、转瞬即逝的思想，比如对某个人或某种学说的迷恋。另一类则是基本思想，环境、遗传和公众舆论的力量让这些基本思想具有很强的稳定性；这些思想包括历史悠久的宗教信仰，也包括今天的民主主义和社会主义思想。

这些基本思想就像缓缓流动的溪流，永不枯竭；而那些转瞬即逝的思想则像溪水不断变化的波浪，它们掀动的只是表面，虽然说不上有多重要，却比溪水恒久的流动更明显。

今天，支撑我们先辈的伟大的基本思想已被动摇。它们失去了所有的稳定性，同时，建立在基本思想基础上的制度也已被严重动摇。前面所说的偶然的瞬间思想每天都在产生，但它们中只有很少的思想具有活力，也就注定了它们不会获得主导性地位。

无论向群体灌输什么思想，都必须采取非常绝对的、强硬的和直接的形式，不然很难发挥有效的作用。任何思想都必须改造成形象，只有在这种形式下，群体才能接受。这些被形象化了的思想可以没有严格的逻辑关系，可以彼此取代，就像幻灯片一样，操作者可以任意地从同一个凹槽将其拉出或放入。这就解释了为什么完全相反的两种思想观念在群体中可以同时流行。同一种思想在不同的时机下群体会对它进行不同的解读，从而导致完全不同的行为。群体完全没有判断力，他们无法感知其中的矛盾。

这种现象并非群体所特有，我们在很多独立的个体身上也可以看到。我们不仅在原始人类中，而且在所有那些——比如狂热的教徒身上也能看到，因为他们的智力在某些方面与原始人类是相似的。在欧洲大学里获得学位的、受过良好教育的印度人身上，我也能观察到这种现象。很多西方的观念被叠加在他们不变的传统观念或社会观念之上，他们的两套观念会以其特有的言行交替出现，这使得他们显得极为矛盾。这种矛盾与其说是真实的，不如说是表面的，因为只有遗传的观念才会对独立个体的行为动机产生足够的影响。只有当不同民族的人混居，不同民族的人生出的共同子女处于两种不同的传统中时，他们的行为才会前后完全矛盾。尽管这种心理现象十分重要，但是在这里，只知道这些现象重要却毫无意义。我认为，想要深入理解这种现象，至少需要十年的时间去各地考察研究。

思想必须经过改造，以非常明确、直接的形象出现才能被群体接受。尤其是高深的哲学或科学思想，我们若要把它们降低到群体智力水平能够接受的程度，往往需要对原意加以牵强附会式的扭曲。如何扭曲取决于群体的性质或群体所属的种族，但总体的修改趋势必须是低俗的、简单的和直白的。这就说明了这样一个事实，即从社会角度看，思想实际上不存在高低之分，也就是说，思想没有绝对价值，只有相对价值。无论一种思想在形成之初是多么伟大或正确，仅仅因为它要适应群体的智力，并对其产生影响，它就会丧失它的伟大和深奥。

而且，也是从社会的角度看，思想的绝对价值，也就是内在价值并不重要，关键要看它能产生的影响。中世纪的基督教思想，上个世纪的民主思想，或者今天的社会主义思想，无疑都不高端。仅从哲学角度看，它们都存在令人遗憾的漏洞，但它们的力量，过去是，将来也会是巨大的，它们是各个国家在决定自己的行为时必须要考虑的核心因素之一。

即使一种思想得到了改造，能被群体接受，也只有在它进入大众无意识领域时才能产生影响（后面我们将考察各种进入方式）。也就是说，只有当思想成为一种感情时，它才能产生影响，而且这一过程需要很长的时间。

不能仅仅因为一种思想是正确的，就认为它能产生有效的影响，即使对博学的人也是如此。看看正确的思想对大多数博学的人的影响是多么微弱，我们就不难明白这一事实。受过教育的人能够接受直接证据，改变观念，但是很快他又会被无意识自我带回到他原有的思想中。几天后当我们再次见到他时，他会老调重弹，重提自己原有的思想，连词汇也不会发生任何改变。事实上，他所受的一直是过去思想的影响，这些思想已经变成了一种感情，左右着我们的言行和动

冬季农场的晚间叙谈

该画出自16世纪晚期法国画家雅克·德·斯泰拉之手，描绘了乡村里一大户人家在冬日晚上聚会交谈的温暖情景。

机。在群体中的情形也这样。

当一种思想通过各种过程深入人心，它就会拥有不可抗拒的力量，并产生一系列结果，谁对抗这种力量都是无益的。引发法国大革命的哲学思想，在一个世纪前就已经出现，它用了将近一个世纪的时间才深入人心。可是一旦扎根，它就会具有不可抗拒的力量。为消除社会不公，实现抽象的权力[1] 和理论上的自由，整个国家都在不懈努力，这不仅导致了王权的松动，而且使整个西方世界陷入混乱。20年的内乱，整个欧洲目睹了足以让成吉思汗和帖木儿也感到胆战心惊的大屠杀。世界从来不曾有过一种思想普及能带来如此巨大的后果。

思想要扎根于心，需要很长的时间；要从心中拔除，也需要很长的时间。因此，就思想而言，民众总比学者和哲学家落后好几代。今天，所有的政治家都清楚，我前面提到的基本思想虽然混合着错误，但它们的影响仍然非常强大，所以他们只得按照自己都不再相信的真理和原则进行治理。

2. 群体的推理能力

我们不能说群体绝对没有逻辑推理能力，但群体能够选

1 抽象的权力是一种“应该这样”的权力，是根据某种理念应有的权力，表现为一种规范化的和制度化的权力，是可能的权力，是一种可能发挥作用的权力。具体的权力与之不同，具体的权力是一种现实的运行着的权力，与组织职位有很大关系，即职位的高低决定着权力的大小。—— 译注

择论证方式，能够影响他们的论证。从逻辑的角度看，群体非常低劣，他们只有通过类比才能推理。

就像高级推理一样，群体的低级推理也是以思想之间的联系为基础的，但群体只能接受思想之间的表面类比或联系。群体的推理模式类似于爱斯基摩人，他们根据经验知道，冰是透明的，含在口中会化，因此他们会推导出一个简单的结论，即玻璃也是透明的，含在口中也会化。他们还像野蛮人那样，认为吃了勇敢的敌人的心脏，自己就能得到他的勇气；或者像某个雇工，因为自己被雇主剥削了，就会立刻断定，所有的工人都在被雇主剥削。

群体推理的特点是，只能将表面相似的事物进行联系，并且会立即把特定情形普遍化。知道如何管理群体的人，用的正是这种推理方式。对于系统的逻辑推论，群体完全无法理解，因此，可以这样认为，群体的思维拒绝推理或者只能进行错误的推理。群体不爱推理。

在阅读某些讲稿时，我们有时会对其内容的薄弱逻辑感到惊讶，但这样的演讲对听众产生的影响是巨大的；人们也许忘记了，这样的演讲的目的只是说服群体，而不是说服哲学家。在群体中演讲，演讲者要努力去唤起的是有诱惑力的形象。只要做到这一点，他就能达到目的。20场长篇大论，如果是深思熟虑的产物，就不会对群体产生影响。任何长篇大论都不如几句煽动性的短语更能吸引群体。

群体没有正确的推理能力，因此也就没有判断力，也就是说，他们无法辨别真理和谬误，也无法对任何事情作出正确的判断。群体只接受强加给他们的判断，而不是经过讨论形成的判断。在这个点上，没有高过群体水平的个体也很多。某些思想之所以能被普遍接受，主要是因为大多数人都无法通过推理形成自己的独特见解。

3. 群体的想象力

像缺乏推理能力的人一样，群体的想象力非常容易被强大、活跃、强烈的形象打动。一个人、一个事件、一场意外在群体的脑海中唤起的形象，几乎与现实一样逼真。在某种程度上，群体很像睡着的人，他们的理性被暂时搁置，他们头脑中只有各种强烈的形象。而这些形象一旦受到质疑，就会很快消散。群体既不能思辨，也不能推理，因此也就没有什么是“不可能”的。值得注意的是，最能引起群体注目的反而是那些最“不可能”的事情。

这就是为什么打动群体的总是事件精彩而传奇的一面。当我们对一种文明进行剖析时，我们会发现，真正支撑它的是那些非凡的传奇人物。在历史上，表象发挥的作用总比事实大，假象总比真实更有力。

群体只能进行形象思维，只有形象才能吸引并打动他们。只有形象才能让他们感到恐惧，并成为他们行动的动力。

因此，在戏剧表演中，以最清晰的形式展现的形象总能对观众产生巨大影响。面包和壮观的戏剧构成了古罗马平民的幸福理想，除此，他们别无他求。这一理想在以后的岁月中几乎没有变化。没有什么比戏剧表演更能影响观众的想象力。所有观众同时感受着同样的情绪，这些情绪没有立即转变为行动，是因为即使忘我的观众也没忘记自己是幻觉的接受者，他们知道自己只是在为那虚构的冒险欢笑或哭泣。但有时，这些形象所表达的情绪过于强烈，使群体像接受暗示一样最终付诸行动。人们常聊到这样一个故事：一家非常受欢迎的剧院，因为只演忧郁的戏剧，所以散场后它总要派人保护剧中扮演叛国者的演员，以防他遭到愤怒观众的暴力伤害。尽管叛国者的罪行是戏剧性的虚构，但观众对演叛国者

《麦克白》

《麦克白》是莎士比亚的“四大悲剧”之一，全剧弥漫着一种阴郁可怕的气氛。图为《麦克白》第五幕第五场的舞台布景。莎士比亚通过对屡建奇勋的英雄麦克白变成残忍暴君的过程的描述，批判了野心对良知的侵蚀作用；并通过不时让笔下的罪人告白自己，强化了观众对麦克白爱恨交加的矛盾情感。

的演员仍然十分愤恨。

在我看来，这是群体心理状态最典型的事例之一，尤其是群体的易受暗示性。虚构对群体的影响几乎与真实的一样大，有时他们甚至无法区分两者。

征服者和王国的力量都基于民众的想象。换句话来说，也就是征服者和王国在领导群体时，利用的正是群体的想象。所有重大历史事实，如佛教的兴起、基督教的兴起、伊斯兰教的兴起、宗教改革、法国大革命，以及我们这个时代社会主义的兴起，都是群体想象受到强烈影响的直接或间接结果。

此外，每一个时代、每一个国家的伟大政治家，包括最专制的暴君，都把唤起民众的想象视作权力的基础，因此他们在进行统治时从不违背大众的想象。拿破仑对他的国务委员会说："我通过加入天主教，才结束了旺代战争[1]。我成了穆斯林，才在埃及有了立足之地。我拥护教皇，才赢得了意大利神父集团的支持。如果要统治一个犹太国家，我会重建所罗门神殿。"在亚历山大和恺撒之后，也许还没有任何伟人比拿破仑更懂得如何唤起民众的想象。他时刻想着的就是处理好这一点。在他胜利时，在他演讲时，在他所有的行为中，他都牢牢记住了这一点。在临终前，他还惦记着这一点。

那么群体的想象是如何被激发的呢？这点我们很快就会

1 旺代战争（1793—1796年），法国大革命时期发生在法国西部旺代省的保王党反革命叛乱。法国中央革命政府为平息叛乱，与"天主教军"进行了三年的战争。——译注知道。现在，我们只能说，任何想要在群体的智力或推理能力上下功夫，从而激发群体的想象都是不可能的。安东尼[1]成功地让民众起来为恺撒复仇，靠的不是狡诈的辩辞，而是指着恺撒的尸体，向民众宣读他的遗嘱。

无论如何，想要激起群体的想象，就必须树立起非常鲜明的形象，而且无需对该形象作附加的解说，最多增加少量神奇的或神秘的故事，比如，一场伟大的胜利、一个伟大的奇迹、一桩重大的罪行或一个无比美好的希望。事件必须作为一个整体出现在民众面前，并且绝不能向民众解释原因。一百桩小罪行或一百次小事故并不会激起民众的想象，但一桩大罪行或一次大事故立即就能震撼民族，尽管其后果比一百次小事故小很多。

几年前，仅在巴黎就有5000人死于流感，这么多人的死亡却没能唤起民众的想象。原因是，这次灾难并没有出现在任何可见的图像中，民众只能从每周发布的统计数据中获得相关信息。相反，一次造成了500人，而不是5000人死亡的事

1 马克·安东尼（约前83—前30年），古罗马政治家、军事家，恺撒的支持者和部将。——译注

故，它只要在同一天出现在公众眼前，立即就会成为非常引人注目的事件，就会激发民众的巨大想象，比如埃菲尔铁塔的突然倒塌。

假如有一艘横渡大西洋的轮船突然失去联系，这也会给民众的想象留下很大的空间，而且人们会持续谈论整整一周。官方统计数据显示，仅在1894年就有850艘帆船和203艘轮船失踪。但这些连续不断的事故虽然造成了比一艘在大西洋航行的轮船的消失更严重的生命和财产损失，人们却毫不在意。

因此，激起民众想象的并不是事实本身，而是它们发生的方式和出现在民众眼前的方式。我也许可以这样表述，那就是，被浓缩的事实必然产生震撼人心的形象，占据并折磨民众的心灵。掌握了激起群体想象的技巧，也就掌握了统治群体的艺术。

第四章　群体信仰表现出的宗教形态

什么是宗教情感 / 它独立于对神的崇拜 / 宗教情感的特点 / 依赖于宗教形式的信仰的力量 / 各种各样的例子 / 众神从未消失，在新的形式下他们又复活了 / 无神论也采用的宗教形式 / 这些信仰在历史中的重要性 / 宗教改革、圣巴托罗缪大屠杀、恐怖时期等，一切类似事件都是由群众的宗教情感引发的，而不是由独立的个人意志我们已经证明了群体没有理性，他们对思想只会全盘接受或全盘拒绝，他们既不容忍质疑，也不容忍反驳，他们接收到的暗示会侵入到他们的整个心灵，并会立即转变为行动。我们还说过，如果影响的手段适当，群体会为鼓舞他们的理想牺牲自己。我们还看到，群体只有暴力和极端的情绪，在群体中，好感会很快转化成崇拜，厌恶也会立即变成憎恨。这些普遍迹象已让我们预知了群体信仰的性质。

在详细检视群体的信仰之前，我们已经发现，无论是在宗教信仰狂热的时代，还是在18世纪政治大动荡的时代，群体的信仰总是采取一种特殊的形式，我们只能把这种形式叫作“宗教情感”，却很难给它下一个更好的定义。

这种宗教情感的特点非常鲜明，比如在崇拜某种假设的高级存在时，赋予这种存在以权威的力量，从而敬畏它，对它盲目服从，绝对不允许有人质疑其信条，并渴望传播它，仇视所有不接受其信条的人。无论这种情感是施加给无形的神，一尊木头或石头做的偶像，还是一个英雄或一种政治理念，只要它具有上述特征，这种情感的本质就是宗教的。在对待超自然现象和某些奇迹时，这种情感同样存在。群体在热情高涨时，总会无意识地赋予政治信念或成功的领袖一种神秘的力量。

一个人并不只是在他崇拜神时才有信仰，在他把自己的思想、意志的服从、内心的全部狂热都投入到某一事业或某一个人身上，并且这一事业或个人成为了他思想和行动的目标和方向时，他就有了信徒一样的信仰。

偏执和狂热必然与宗教情感相伴，那些相信自己掌握了来世秘密或现世幸福的人必然会有这两点表现。任何受到某种信仰激励而聚在一起的人，都会表现出这两个特点。恐怖统治时期的雅各宾党人与宗教法庭时代的天主教徒一样虔诚，他们嗜血的狂热也出自这两点。

群体的信仰具有盲目服从、极度偏执、渴望进行狂热传播的特点，这也正是宗教情感的本质特点，因此，我们可以这样认为，所有群体信仰都采取了宗教的形式。群体拥戴的英雄，就是他们真正的神。在15年的时间里，拿破仑曾经就是这样的神，一个比历史上任何神都更受崇拜的神，一个轻易就可以让他人去送死的神。基督教和异教的神在统治自己的王国时，也未能像拿破仑这样绝对地控制过民众的心智。

一切宗教或政治信仰奠立者的成功，都因为他们成功

拿破仑视察营地

在奥斯特里茨战役的前夜，当拿破仑走进军队营地时，士兵们围了上来，对着统帅欢呼："拿破仑万岁！帝国万岁！"不少老兵也上前表忠，立誓夺取敌人的军旗和火炮来庆祝拿破仑的加冕纪念日，因为第二天就是拿破仑加冕一周年纪念日。

地激起了民众的狂热情感，使人们在崇拜和服从中感受到了幸福并且愿意为偶像献身。任何时代都是如此。菲斯泰尔·德·库朗热[1] 在其关于罗马高卢人的杰作中尖锐地指

1 库朗热（1830—1889年），法国历史学家，代表作为《古代城邦——古希腊罗马祭祀、权利和政制研究》。——译注

出，维持罗马帝国的不是武力，而是它所激发出来的宗教热情。他说："在人类历史上，这个被普遍憎恨的政府形态竟然延续了5个世纪之久……罗马帝国仅有区区30个军团，竟然能迫使1亿人服从它，这很令人费解。"民众之所以顺从，是因为罗马皇帝已成神圣罗马的象征，所有人都愿意像崇拜神一样崇拜他。

在他的帝国中，最小的城镇都为皇帝设立了祭坛。"从帝国的这端到那端都能看到一种新的宗教，罗马皇帝就是神明。在基督纪元前几年，高卢地区（由60座城市组成）的人们在里昂城附近为奥古斯都建造了一座神殿……它的祭司由高卢城市联盟选出，都是他们中的要人……显然不可能把这一切都归因于恐惧和奴性。帝国不可能整个都是奴性的，特别是在长达3个世纪的时间里。叩拜皇帝的不只是群臣，还有罗马，不仅仅是罗马，还有高卢、西班牙、希腊和亚洲。"

今天，影响民众思想的大多数伟人已经没有祭坛了，但崇拜者手中仍有他们的雕像或者肖像。他们所受到的崇拜与他们的前辈并没有明显不同。要理解历史的逻辑，就必须透彻理解群体心理的这一基本特征：群体需要神的引领，这先于其他一切。

我们不能认为这种迷信只是过去时代的迷信，现在已被理性完全驱散。在感性与理性的永恒斗争中，感性从未被征服。群体再也听不到曾经长期奴役他们的“神明”和“宗教”这样的词语了，但在过去100年的时间里，他们祭拜过的偶像最多，旧的神明从未享有过如此多的雕像和祭坛。近年来，那些研究被称作“布朗主义[1]”的群众运动的人已经看到，群体的宗教本能轻易就能被复活。甚至在乡村的旅馆里我们也能见到那位伟人的画像。他被赋予了一种神力，他可以改变所有的不公，并能驱邪，成千上万的人都愿意为他献出生命。如果他的品格与他的传奇相当，他在历史上的地位也许会很伟大。

所以我们可以断言，民众仍然需要宗教，因为一切政治的、神明的和社会的信条，都必须采取宗教形式才能深入人心，因为只有这种形式才能免受质疑。要诱使民众接受无神论信念，就必须要采取一种偏执的、狂热崇拜的宗教形式。

1 布朗主义，即“废奴主义”，因1859年美国爆发的由约翰·布朗领导的奴隶起义而得名。——译注实证主义[1] 这个小哲学支派的演变为我们提供了一个奇特的证据。深刻的思想家陀思妥耶夫斯基讲述的虚无主义[2] 者的故事，很快就发生在了实证主义者身上。一天，故事的主人公得到理性之光的照耀，打碎了教堂祭坛上供奉的神像和圣像，吹灭了蜡烛，又毫不迟疑地用毕希纳和莫尔肖特[3] 等无神论哲学家的著作代替那些被摧毁之物，然后再虔诚地重新把蜡烛点燃。他的信仰对象变了，那他的宗教情感也就因此改变了吗？

我要再重申一遍，群体信念最终都会变成宗教情感，不理解这一点，就无法理解某些历史事件，而且恰恰是那些

1 实证主义，一个西方哲学流派，它强调感觉经验，拒绝通过形而上思辨来把握感觉材料。——译注

2 虚无主义，在哲学意义上认为世界，特别是人类的存在没有意义、目的和可理解的真相以及最本质的价值。——译注

3 毕希纳（1824—1899年），德国医师，庸俗唯物主义者，他把意识视作物质的或实体的，认为一切精神活动都可解释为物理现象。莫尔肖特（1822—1893年），荷兰生理学家、哲学家和庸俗唯物主义者，所著的《生命的循环》是19世纪最主要的庸俗唯物主义文献之一。——译注

最重要的历史事件。某些社会现象需要从心理学的角度而不是从实证主义者的角度进行研究。伟大的历史学家丹纳只从实证的角度研究法国大革命，因此他无法弄清革命的真正原因。他已经发现了事实，但由于他的研究没有涉足群体心理，所以他并不总能找到其中的起因。法国大革命以其嗜血、混乱和残暴的一面令他惊骇，但他在这部大戏的主角身上看到的只是一群癫狂而残暴的野蛮人在毫无节制地放纵自己的本能。

明白大革命是为了在民众心中建立一种新的宗教信仰，就能正确解释大革命的暴力、屠杀和它为什么会对一切宣战。宗教改革、圣巴托罗缪大屠杀[1]、宗教战争、宗教法庭、恐怖统治等都是同一种现象，都是宗教热忱在煽动，所以必然会让那些怀有这一热忱的人毫不留情地用火和剑去消灭那些反对建立这种新信仰的人。

宗教法庭所采用的审判方式是那些怀着坚定信仰的人的方式。如果他们诉诸其他方式，他们的信仰就不配被叫作

1 法国天主教徒对新教徒胡格诺派进行的大屠杀事件，始于1572年8月，有2000多名胡格诺派教徒受害。——译注

信仰。

只有群体的灵魂才能促成我刚才提到的那种大动荡，最专制的暴君也无能为力。历史学家告诉我们圣巴托罗缪大屠杀是国王所为，这种说法正好反映出他们对群体心理和对君主心理的无知。大动荡的指令只会发自民众的灵魂。最专制的君主以及他们所拥有的最绝对的权力充其量也只能加快或延缓大屠杀的出现。圣巴托罗缪大屠杀或者宗教战争都不是国王所为，就像恐怖统治也不是罗伯斯庇尔、丹东或圣茹斯特[1] 所为一样。在这些事件的背后，起作用的一定是群体的灵魂，而不是统治者的权力。

1 罗伯斯庇尔（1758—1794年），法国大革命时期的重要政治家，雅各宾政府时期的实际最高领导人。丹东（1759—1794年），法国大革命时期的领袖人物，雅各宾派的重要领导人之一。圣茹斯特（1767—1794年），法国大革命时期的重要政治家，为罗伯斯庇尔的助手之一。雅各宾派主政时期，内部意见不一，有的主张实行专制的恐怖统治，有的主张实行宽松的统治。——译注

第二卷　群体的思想和信念

第一章　影响群体信念的间接因素

群体思想和信念的酝酿，即群体思想和信念产生的前期准备性因素

1. 民族

民族因素起主导作用 / 民族因素代表了祖先的暗示

2. 传统

传统是各民族精神的凝结 / 传统对社会的重要性 / 一个民族的伟大传统为什么会变得有害 / 群体是传统思想和信念最顽固的维护者

3. 时间

时间为信念的建立和毁灭做准备 / 正是由于时间，社会秩序才可能从混乱中得以重建

4. 政治制度和社会制度

对政治制度和社会制度的错误认识 / 制度的作用极其微弱 / 制度是结果，而不是原因 / 各民族无法选择他们认为的最好的制度 / 制度只是一个标签，可以在同一名称下包含最不相同的内容 / 制度如何创立 / 某些制度从理论上看并不好，但对某个时期的某些民族来说却是必要的，比如中央集权

5. 教育制度

关于教育对群体影响的普遍错误观点 / 统计数据 / 令人失望的拉丁教育体系 / 各民族的事例

在研究了群体的心理构成，认识了他们的情感、思维和推理模式后，现在，我们开始研究群体的思想和信念的产生和形成。

影响思想和信念的因素有两种，即间接因素和直接因素。

“间接因素”是指那些能使群体接受某些信念，又对其他观念完全抗拒的因素。正是这些因素为某些新思想的出现准备了土壤，这些新思想看似自发，其力量和造成的结果却令人震惊。群体中某些思想的突然爆发和付诸行动，有时很令人吃惊，但这只是一种显性效果，在其背后一定蕴藏着前期的预备因素。

“直接因素”是指间接因素长期酝酿迎来高潮时，激发群体付诸行动的刺激因素，如果没有这一因素，间接因素的作用就无法表现出来。也就是说，直接因素是使思想显现并付诸行动的因素。令群体突然失去理性的是直接因素。突然的暴动或罢工都是由直接因素促成的，绝大多数人表决授权某人去推翻政府，也是直接因素的作用。

在所有重大历史事件中，我们都可以看到这两种因素的交互作用。仅举其中一个著名的例子，即在法国大革命中，哲学家的主张、民众对贵族的不满和科学思想的进步，都是持续了很长时间的间接因素。民众的思想一旦有了这样的准备，就很容易被直接因素，比如演说家的演讲、宫廷内部对某些变革的抵抗等激起。

在这些持久的间接因素中，存在着某种普遍的共性，这些共性构成了群体所有思想和信念的基础。它们就是民族、传统、时间、制度和教育。

现在，我们开始研究这五种不同因素的作用。

1. 民族

民族因素必须放在首位，因为它远比其他因素重要。我在另一部著作中对此已有充分研究，所以不再赘述。我在前一部著述[1] 中已经指出，一个具有悠久历史的民族，它的性格一旦形成，遗传就会显现出强大的力量；信仰、制度和艺术等文明的一切元素都仅仅是民族性格的外在表现。在书中，

1 指作者的《民族演化的心理规律》一书。——译注

我们还指出，民族性的力量十分强大，如果不经历最深刻的变革，任何文明元素都不能从一个民族传递到另一个民族。[1]

环境、当下情形以及事件显现出的社会民意都可能会产生相当大的影响，但如果这些与民族性格相悖，这种影响总会很短暂。也就是说，民族性格是一个民族从其祖先身上继承的一整套文明系统。

在本书后面几个章节中，我们将会再次触及民族性问题，而且会再一次证明它巨大的影响，即民族性可以支配群体的具体性格。由此可见，不同国家的群体在信念和行为上存在很大差异，因此也就不能以同一种方式施加影响。

2. 传统

传统代表着过去的思想、需求和情感。传统是一个民族

1 这个问题相当新颖，如果不解决好这个问题，历史就很难理解，所以我在上一部《民族演化的心理规律》中专门用了四个章节来说明这个问题。读者可以从中看到，尽管表面上很相近，但语言、宗教、艺术，即文明的任何元素都无法原封不动地从一个民族传递到另一个民族。——原注

诸多方面的综合，并以巨大的力量压制着我们。

自从胚胎学证明历史对物种进化有巨大影响以来，生物学便发生了变化；如果将这一逻辑应用于历史学，历史学也将发生巨大变化。但到目前为止，人们对此仍然缺乏认识，许多政治家与上个世纪的理论家相比也没有多少进步，他们仍然认为社会可以与过去决裂，可以完全按照理性之光指明的方向进行重塑。

一个民族就是一个物种，是被历史塑造的有机体，与其他物种一样，只通过漫长的遗传积累进行重塑。

支配人的是传统，尤其是当人们处于群体中时。我反复说过，人们看似轻易就改变了自己的传统，但他们改变的往往只是名称和外表。

这种命运并不会让人觉得遗憾。没有传统，就不可能有民族性，也不可能有民族的文明。所以，自人类诞生以来，人类所做的事情只有两件：一是建立传统结构，二是在传统的有益作用耗尽后，努力去摧毁它。没有传统,就没有文明，没有对传统的破坏，就没有文明的进步。这其中最大的困难是如何在稳定与求变之间找到平衡。如果一个民族的风俗习惯过于根深蒂固，传统就很难改变。在这种情况下，即使发生暴力革命也不会有实质的作用，因为在这种状态下，革命的结果，要么是被打碎的锁链又重新拼接起来，过去的帝国一如既往；要么被打碎的锁链四散分裂，国家陷入混乱，很快走向萧条。

因此，一个民族最理想的状态是，既保留过去的传统，同时又不知不觉地一点一点地进行变革。实现这个理想很难，似乎只有古代罗马人和现代英国人做到了这一点。

正是群体在最顽固地坚守传统观念，顽固地拒绝变革。根据社会功能不同而划分的阶层对此最顽固。我已经详述过群体的保守精神，而且我也曾证明，即使是最暴力的革命，改变的也只是名称和词汇。18世纪末，面对被毁坏的教堂，面对被驱逐或被送上断头台的神父，人们会认为旧的宗教观念已经完全根除，但仅仅过了几年，应民众的普遍要求，被废除的公众礼拜制度又重新恢复了。[1]

1 丹纳引用了前保皇派人士福尔克罗伊的报告。在该报告中，福尔克罗伊明确地说明了这一点："到处可见的星期日到教堂做礼拜的情况表明，大多数法国人都已回到了原有的习俗中，抵制这种全民的自然倾向是不合时宜的……绝大多数人需要宗教、公共礼拜和神父。某些现代哲（转下页）

古老的传统被片刻抹去，但很快，它又恢复了自己的影响力。

这件事充分证明了传统在人们心目中的地位。最令人敬畏的神像并不在庙宇里，最暴虐的君主也不在宫殿里，两者都可以被瞬间推翻。但是，无形的主人主宰着我们的内心，外部的任何反抗对它都无济于事，它只屈服于时间的消磨，而且往往要经过好几个世纪的岁月消磨。

3. 时间

社会与物种一样，时间才是改变它的最有力的因素之一。时间才是唯一真正的创造者，也是唯一伟大的毁灭者。是时间用沙粒筑就了高山，也是时间把地质时代的微小生物变成了有尊严的人类。几个世纪的影响足以改变一切既有现

（接上页）学家错误地认为，广泛的教育可以消除落后的宗教观。对许多不幸的人来说，这只是一种安慰，对此我也曾被误导……因此，必须让神父、祭坛和礼拜重新回到民众的面前。”——原注

象。人们意识到，只要时间足够，一只蚂蚁也能把勃朗峰夷为平地；一个人若能根据自己的意愿掌握改变时间的魔力，基督徒们也会把他视为上帝。

但在这里，我们只关心时间对群体观念的影响。从这个角度看，时间的作用很巨大。如果没有时间，民族就无法形成。正是时间导致了所有信仰的诞生、发展和消亡。正是在时间的帮助下，信仰才获得了力量；也正是在时间的作用下，信仰才失去了力量。

正是在时间中形成了群体的思想和信念，或者说，正是时间为思想和信念准备了慢慢萌生的土壤。这就是某些信念可以在一个特定的时代实现，而在另一个特定的时代却无法实现的原因所在。是时间结聚起思想和信念的碎片，又在一个特定的时代让这些思想和信念生长出来。思想和信念都不会偶然出现；思想与信念都根植于漫长的历史中。它们开花，是因为它们到了开花的时候。要了解思想和信念的产生，就必须回溯历史。思想和信念是历史的女儿，也是未来的母亲，还始终是时间的奴隶。

所以时间才是我们真正的主人，任由时间自由运行，并在时间中观察事物的变化，这就足够了。今天，我们非常不

1879年后法国的政治中心

左下是雅各宾俱乐部，罗伯斯庇尔和其他代表居住在圣端诺雷大街上（画面左边这条折弯的街）。国民公会在1793年5月10日前位于马场（底部），后来迁至杜伊勒里宫内的一间剧院（左上）。救国委员会会址在杜伊勒里宫左边。

安地看到了群体危险的渴望，并预感到了它的破坏与动荡可能引起的剧变。在没有其他因素影响的情况下，时间也会让我们看到平衡的恢复。拉维斯先生说得很恰当：“没有任何一种社会运行形式可以在一夜之间突然构成。政治和社会组织形式的完成有时甚至需要几个世纪。封建制度在确立自己的政体之前，已经以一种无序的状态存在了好几个世纪；君主专制也是在经历了几个世纪之后，才形成成熟的政体。这漫长的预备期总是很混乱。”

4. 政治制度和社会制度

制度可以弥补社会的缺陷，国家的进步是政治制度改善的结果，社会的变革也可以通过法令来实现，这些观点仍然为许多人所认可。这是法国大革命的起点，更是当代社会学说的基点。

持续的教训并未动摇这些严重的认知错误。哲学家和历史学家试图证明它们的荒谬，虽则徒劳，却因此证明了制度是思想、情感和传统的产物，但思想、情感和传统却不能因为法典的重铸而被重铸。一个民族不能随意选择它的制度，就像它的人民不能随意选择自己头发和眼睛的颜色一样。政治制度是民族发展的产物，它并不创造时代，而是被时代创造。制度不是人民一时任性制定的，反而是人民的任性需要被制约。一种政治制度的形成需要几个世纪，要改变这一制度也需要几个世纪。制度没有内在的美德，它本身既不好也不坏。那些在某一特定时代对某一特定民族是好的东西，对另一个民族则很可能是有害的。

而且，一个国家也没有从根本上改变自己制度的能力。以暴力革命为代价或许可以改变制度的名称，却无法改变制度的本质。名称只是一个无用的标签，能深入研究事物本质的历史学家对此完全不在意。比如英国，这个世界上最民主的国家[1]却存在于君主政体之下；而那些原属西班牙的美洲国家，尽管有共和制的宪法，它的人民却生活在最专制的体制之下。各民族的命运是由他们的性格，而不是由他们的政府决定的。我在前一部书中曾试图通过一些明确的例子来说明这一观点。

因此，浪费时间去制定一部僵硬的宪法是幼稚的，是无知的修辞家的无用劳动。如果我们足够明智，就任由必然性和时间发挥作用，就让这两个因素承担起制定宪法的责任吧。这就是盎格鲁-撒克逊人选择的方案，正如他们伟大的历史学家麦考莱[2]在一篇文章中告诉我们的那样，所有拉丁国家

1 美国《论坛》杂志最近明确转述了我在1894年12月的《评论回顾》上摘录的观点：即使最热衷于抨击贵族制的人，也不应该忘记，今天的英国是世界上最民主的国家，个人的权利在这个国家最受尊重，个人也拥有最大的自由。——原注

2 麦考莱（1800—1859年），英国历史学家、政治家。著有《自詹姆斯二世即位以来的英国史》，记述了自1685年詹姆斯二世即位至1702年威廉三世逝世这17年间的英国史。——译注

的政治家对此都应该牢记在心。他说，从纯理性的角度看，充满矛盾的和荒谬的法律体系也能带来好处，然后，他把拉丁民族在动荡中制定的几十部宪法与英国宪法作了比较，并指出，英国的宪法只受现实必要性的影响，却不是纯理性思考的产物，其变化也是一点点缓慢地发生的。

不要考虑体系性问题，只考虑公正性和实用性；不要仅仅因为反常而废除这种反常；除非感受到了不满，并能消解这种不满，否则绝不创新；不要制定任何超出现实需要的规定，绝不制定抽象的、不具体的条款；从约翰国王时代到维多利亚女王时代，这些规则一直指导着我们25个议会的审议工作。

要说明一个民族的法律制度在多大程度上体现了民族的需求，就要逐条研究，而且不去强行改变。比如，我们可以从哲学角度研究中央集权制的利弊，但是，当我们看到一个由非常不同的民族组成的国家通过上千年的努力才达到如此的集权时，当我们看到一场致力于摧毁过去一切制度的大革命最终不得不尊重这种集权，甚至强化这种集权时，我们便应当承认，集权是必然的，是这个国家得以存在的前提，我们应当同情那些扬言要摧毁这一制度的可怜政客们。如果他们的这一尝试付诸实施，并且确实成功了，那必定成为一场可怕内战[1]的先兆，而且会立即带来一种比旧制度更加高压的集权制度。

我们从上述内容可以得出结论：不能从制度中去寻找能影响大众性格的方法。当我们看到某些国家，比如美国，它在民主制度下达到了高度的繁荣，而另一些国家，比如原属西班牙的美洲国家，它们却在完全相同的制度下陷入了可悲的动荡中时，我们必须承认，制度与一个民族的伟大或衰败没有关系。一国的人民是由其所属民族的性格支配的，与这种性格毫无关联的一切制度都只是一件借来的衣裳，或是一

1 如果把法国各党派之间深度的宗教和政治分歧，特别是社会问题造成的分歧，与在大革命时期表现出来的并在德法战争快结束时再次表现出来的分裂主义倾向作比较，就会发现，法国的不同民族远没有完全融合在一起。强有力的集权以及负责各旧省融合的部门的设立，无疑是大革命时期最有用的手段。如果在当时就实现今天的分权，那么，大革命的成果将很快导致血腥动荡。忽视这一事实，就等于忽视了法国的整个历史。——原注

凡尔赛王宫的梅尼厅

1789年5月5日，三级会议在凡尔赛王宫的梅尼厅正式开幕。会议因第三等级代表对自己的代表力有异议而解散，这促使一般民众自行组织国民议会，并最终引发了法国大革命。该画是荷兰画家格兰杰的版画，真实反映了当时三级会议的场景。

种暂时的装扮。

血腥战争和暴力革命都已经发生过，而且还将继续发生，它们的目的只是强行建立一种被赋予了超自然力量的全新制度。这就如同信徒们认为的找到圣物就能获得幸福一样。因此，从某种意义上可以说，是制度问题在影响民众心理，在引发革命和混乱。但实际上，革命和混乱并不源于制度，因为我们知道，无论制度的制定成功与否，制度本身并无美德，它本身既不好也不坏。影响群众心理的是幻觉和言辞，尤其是言辞。这些关键词既有虚幻的力量，也有惊人的操控力，对此，后面我们很快会谈到。

5. 教育制度

在当今时代的主流思潮中，最突出的是这样的信念，即教育能极大地改造人，完善人，甚至能使人平等。这句话的不断重复，终于成了定论，成了最坚定的民主信条之一。现在反驳它，就像过去反驳教会的信条一样艰难。

但是跟其他许多问题一样，民主观念在这一点上的看法与心理学的结论全然不同。许多著名的哲学家，包括赫伯特·斯宾塞等已经证明，教育既不会使人更道德，也不能使人更幸福；教育既不能改变人的本能，也不能改变人与生俱来的激情，而且有时，如果没有正确的引导，教育会有害无益。

统计学家也印证了这一观点，他们告诉我们，随着教育的普及，或者至少是某种教育的普及，犯罪行为并没有减少，而是增多了；罪犯也在增多，而且他们主要是最危险的社会公敌，也就是反政府主义者，他们中大部分曾经是学校里的优异者。著名法官阿道夫·吉洛特先生在他刚出版的著作中说，如果在文盲中出现1000个罪犯，那么，在受过教育的人中就会出现3000个罪犯。在过去的50年里，人群中犯罪的比例已从最初的每10万人227人，增加到了每10万人552人，增幅高达143%。他和他的法官同事还注意到，增长尤其明显的是青少年中的犯罪人数，因为大家知道，在法国，过去的学徒制已被义务教育制完全取代。

也许有人相信，如果引导得当，好的职业教育尽管不能提高人的道德水准，但至少也可以提高职业能力。尽管许多杰出的思想家，比如布吕尔[1]、福斯特尔·德·库朗热、丹纳等都看清了问题所在，但不幸的是，拉丁民族仍然坚持把他们的教育制度建立在错误的原则之上，特别是在以往的25年里。我在不久前出版的著作中曾说，法国的教育制度把大多数受过教育的人变成了社会的公敌，这是在为最极端的社会

1　布吕尔（1857—1939年），法国社会学家、哲学家。——译注

组织形式招兵买马。

这种教育制度虽然与拉丁民族很合拍，但其致命之处在于它对人的心理状态的错误认知，即它认为可以通过死记硬背来提高智力水平。在这一观点的影响下，学校开始了只教课本知识的教学。从小学到大学，一个人什么也不做，只背课本，从不会想到去培养自己的判断力和主动性。教育就是听话和背诵。

前公共教育部长M.朱勒斯·西蒙写道："学习课程，熟记语法或大纲，不断重复，是一种可笑的教育方式；每做一件事都以认可老师的绝对正确、绝对权威为前提。其结果就是把人变得既自卑又无能。"

如果这种教育只是无用，那么我们还能向那些不幸的孩子表示同情，他们虽然没有在小学课堂上学到有用的东西，但他们毕竟记住了克洛泰尔[1] 几个儿子的族谱，以及纽斯特里

1 克洛泰尔，法兰克王国（法国）墨洛温王朝的开创者克洛维一世的幼子，他先后吞并了其亡兄的奥尔良王国、兰斯王国和巴黎王国的领土，又吞并了整个勃艮第王国，成为第二个一统法兰克王国的王。在他死后，他的王国又被诸子分裂。——译注

亚与奥斯达拉西亚[1] 之间的冲突，以及动物分类方面的知识。但是，这种教育制度却带来了更可怕的危险，它使那些被困于这种制度中的人对自己的出身感到厌恶，并强烈地想要逃离它。工人不想再做工人，农民不想再做农民，中产阶层的人则不允许他们的孩子从事除国家公务员之外的任何职业。法国的学校并不帮助年轻人培养胜任未来的生活能力，只是教他们如何去谋求公共职业。从事公共职业不需要进行职业规划，也不需要哪怕一点点的创新精神。

这种教育制度在社会底层造就了一支无产阶级大军，他们对自己的命运始终不满，随时准备着起来反抗。而在社会顶层，这种教育制度又造就了一批浮夸的资产阶级，他们既轻信又多疑，对国家抱有迷信般的信心；他们将政府视为天理，又时不时对政府表示敌意，总把自身的错失归咎于政府；但是，如果离开政府的支持，他们又一事无成。

国家用教科书造就了一大批拥有文凭的人，却只有一小

1 纽斯特里亚是法兰克王国分裂后在法兰克西部形成的一个诸侯国，与东部的另一诸侯国，即奥斯达拉西亚长期对立。——译注

部分人可以就业，其他的人则无法就业。国家只能养活一小部分人，而让其他人成为前者的敌人。从社会这个金字塔的顶端到底部，从基层公务员到教授和官长，都被一大批拥有文凭的人簇拥着，这些人都希望获得入职的机会。一方面，商人很难找到代理人去殖民地帮他打理生意，另一方面，成千上万的人在政府部门门口等着，希望谋求哪怕最基层的职位。仅塞纳一地，就有2万名待岗的男女教师，他们都蔑视田间和工厂，指望国家给他们提供生计。能入职政府部门的人很有限，所以不满的人变得更多。因此，无论革命的首领是谁，无论革命的目的是什么，革命的条件都已具备。让很多人获得没用的知识，是迫使人造反的最好方法[1]。

显然，要让教育回头已经太晚了。只有“经验”是各民

1 而且，这种现象并非拉丁民族所特有，在印度也一样。英国人仿照英国的教育制度在印度开办学校，形成了一个受过教育的特殊阶层，即“会讲英语的教员”，这个阶层的人如果得不到雇佣，就会成为英国统治者的死敌。对所有“巴布斯人”来说，无论有没有职业，他们受教育的第一个结果都是道德水平的明显降低。在我的《印度的文明》一书中，我用大量篇幅强调了这一事实，而且所有去过印度的作者也都注意到了这个事实。——原注

族的终结教育家，它煞费苦心地告诉我们自己错在哪里。这足以证明，我们必须用职业教育来取代可恶的课本和可悲的考试，因为只有职业教育能让我们的年轻一代回到田间和工厂。

所有有识之士今天所呼吁的职业教育，就是过去我们的祖先曾经接受过的教育。现在， 在那些以意志力、开创性和进取精神引领世界的国家中，职业教育生机勃勃。伟大的思想家丹纳在其一系列引人注目的论义中曾明确指出，我们过去的教育制度与今天在英国和美国流行的教育制度何其相似，并且在将拉丁民族与盎格鲁-撒克逊民族的教育制度比较后，他还明确指出了两种教育制度导致的不同结果。

我们也许会同意继续忍受传统教育制度的诸多弊端，但获得这么多的知识，背诵这么多的课本，真的就能提高人的能力吗？唉，不！人成功的条件是要在生活中拥有判断力、经验、 进取心和意志力，这些品质都是课本中没有的。书本就像字典，是用来查的，去背那么多冗长的章节则完全没用。

职业教育是如何超越传统教育从而提高人的能力的呢？对此，丹纳先生说得非常好：

大型纺纱车间

从18世纪中后期开始，英国出现了各种各样的纺织机械，技术也一直在不断翻新进步。1806年，曼彻斯特建立起了第一家大型织布厂，此后，机械织布机便开始全面占领英国纺织业。到1850年时，英国的手工纺织已几近绝迹。

思想只有在正常而自然的环境中才能形成；一个年轻人，他只有每天在车间、矿山、法庭、事务所、建筑工地、医院接触到大量感官感受，才能促进其思想的形成。他要面对工具、材料和操作，面对客户、同事和劳工，面对或好或坏的业绩，以及成本的高低和利润的厚薄。他要用眼睛、耳朵、双手甚至鼻子获得有细节的感知。这些感知在他的大脑中潜移默化地酝酿，然后产生新的组合并进行简化、改进或发明。恰恰在最富创造力的年龄，法国的年轻人失去了宝贵的体验和所有不可或缺的感受。在至少七到八年的时间里，他们被关在学校，与直接的个人经验隔绝，无法敏锐理解人和事，更无法敏锐感知事物之间的关系。

至少百分之九十的年轻人在生命中最有意义、最重要，甚至是决定性的几年浪费了宝贵的时间和心血。首当其冲的是应试者中的一半或者三分之二的人，也就是那些落榜考生；还有那些获得学位、证书和文凭的成功者中极度劳苦的一半或三分之二的人。如果某一天，要求这些体骼受损者成为好几个学科的活字典，让他们坐在椅子上，头伏向桌面，这种要求显然很过分。事实上，在那特定一天的特定两个小时里，或者差不多两个小时里，他们的确是一部活字典，但考完一个月后，他们就不再是了。他们背负的庞杂知识会一天天从头脑中流失，而大脑的机能却再也无法恢复。

他们的精神活力已经衰退，他们生命的生长能力已经枯竭，一个过于沉稳的人出现了，他们已经精疲力竭。他们的心安顿了，然后他们结婚，听天由命地在不变的圈子里打转，在有限的职能里按部就班地履行自己的职责。这带来的普遍结果是：人生的收支毫不对等。今天的英国或美国与1789年以前的法国一样，结果正好相反，人们的收支是对等的，甚至收大于支。

随后，这位杰出的思想家向我们指出了我们的教育制度与盎格鲁-撒克逊人的教育制度的区别。后者没有像我们那样多的特殊学校[1]。对他们来说，教学并不限于学习书本知识，而是将重点放在实际应用。比如工程师受训的地方是车间，而不是学校，这是一个能使智力水平得到充分发展的场所。在这里，一个人如不能进步，就只能当一名工人或工头；如果他的能力允许，他就会继续成长为一名工程师。这种方式比把一个人整个的一生都寄托在十九或二十岁时的一次考试上要民主得多，对社会也有益得多。

在医院、矿场、工厂里，在建筑师或律师的事务所里，学徒很小就开始了他的学习生涯，他逐步学习，就像我们这里的律师助理或者工作室里的艺术家一样。在开始工作之前，他

1 特殊学校，这里指法国只是背诵和服从的学校，它不同于英国和美国的学校，所以特殊。——译注

会学习一些基础的通用课程，以便有一个框架来存储他即将获得的实践所得。此外，在工作时，他还可以利用业余时间学习各种技术课程，让知识与工作经验同时积累。在这样的制度下，他的实践能力提高了，整体能力也在同步提高，对未来的工作和专业也能适应。在英国和美国，正是通过这种方式，让年轻人的职业能力得到了快速提高。在25岁或更早，一个人如果具备能力和舞台，他不仅会成为一个好的实践者，而且还能成为创造者；他将不仅是机器的一部分，还会是机器的动力。但法国盛行的是与之相反的教育制度，其结果是让每一代人的工作和创造力都在下降，如此浪费的生产力总量非常巨大。

就拉丁教育制度与我们社会生活的实际需要之间的对立，这位伟大的思想家得出了以下结论：

在教育的三个阶段，即小学、中学和大学，为了考学位、文凭和证书，学生在课本上的理论学习时间太长了，我们的教学方式出现了严重的扭曲，不仅违背人的天性，与社会需要也严重脱节，过分延后实际操作的学习时间，更通过寄宿制、死记硬背、超高强度的学习残害了学生，不考虑学生成年后应担负的社会责任，不考虑年轻人终将面对的现实世界，不考虑学生离开学校后所处的社会环境，不考虑他们将要适应的人际环境现实，不考虑人类已经面临的生存困境，不考虑他们保护自己和立足社会的所需，不考虑他们如何备好装备、武装自己，以此进行针对性的训练和强化。这些不可缺少的准备，比其他任何东西都要重要。坚实的常识、勇气和意志力是我们的法国学校不会去培养的。我们法国的学校不但没有让学生具备应对现实的能力，反而使他们丧失了这种能力。

因此，当他们第一次踏入社会时，他们面对的往往是无穷的痛苦与摔跌，结果是长久的伤害，有时候甚至是一生的精神残缺。他们迈出的第一步严峻而又危险。他们的精神和道德平衡被破坏，甚至有可能永远无法恢复。

幻想的破灭来得太突然也太彻底了。这种教育的欺骗性也太大太强烈了。[1]

1 见《现代政体》第二卷，1894年版。这几段出现在全书的最后一章，它再现了这位伟大思想家长期的经验成果。但在我看来，这对那些没有在国外生活过的大学教授来说是完全无法理解的。在某种程度上，教育是我们所（转下页）

上面所说的偏离了大众心理学这个主题吗？没有。如果我们想要理解大众正在萌发、很快就要形成的思想和观念，我们就必须知道其扎根的土壤是什么。看一个国家给了年轻人什么样的教育，就知道一个国家的未来会是什么样子。充分认识今天年轻一代所受的教育，让我们对未来十分悲观。教育可以使大众的精神得到改善，也可以让大众的精神严重恶化。因此，我们有必要说明大众的精神是如何被现行的教育制度塑造的，以及温和、无害的大众是如何逐步成为一支

（接上页）能支配的可以影响民族精神的唯一手段。在法国，几乎没有人能理解导致我们变弱的原因正是我们的教育制度，它非但没能使我们的青年得到提高，反而降低并扭曲了他们。这令我非常悲哀。

在丹纳的著作和保罗·布尔热的著作中，他们将我们的教育制度与美国的教育制度进行了有力的比较。然后，布尔热说："我们的教育只产生缺乏主动性和意志力的狭隘的资产阶级或无政府主义者……这两类有害的文明人退化成了无能的陈词滥调者或精神的幻灭者。"他也拿我们法国的公立学校和美国的学校进行了比较，发现美国的学校为一个人的人生做好了令人钦佩的准备。在这一比较中，我们还发现，真正的民主国家与口头上的民主国家及思想上没有民主的国家之间存在着巨大鸿沟。——原注

不满的大军，并准备着随时接受乌托邦主义者和诡辩家的诱惑的。

当我们看到社会主义者和无政府主义者的“苗子”在这间“教室”里出现，这间“教室”就已经为拉丁民族的衰败铺平了道路。

第二章　影响群体信念的直接因素

1. 形象、词语和套话

词语和套话的神奇力量 / 词语的力量主要在于唤起形象，而不在于它本身的含义 / 词语唤起的形象随时代、种族的不同而不同 / 词语的重复 / 举例说明同一个词会有相反的含义 / 当旧事物的名称已让大众产生不好的联想时，可以用新名称给旧事物重新命名，这很有政治意义 / 民族不同，同一词语的含义也不同 / "民主"一词在欧洲和在美国的不同含义

2. 幻想

幻想的重要性 / 在所有文明的源头都能发现幻想的作用 / 社会需要幻想 / 群体喜欢幻想，而不是事实

3. 经验

只有经验能让群体接受真理，并抛弃危险的幻想 / 经验只有不断重复才有用 / 说服群体需要经验成本

4. 理性

理性对群体的影响微不足道 / 群体只受无意识情绪的支配 / 理性在历史上的作用 / 出现不可思议事件的内在原因

上一章我们研究了影响群体信念的间接因素，以及让特定感情和思想被群体接受的可能。现在，我们要研究的是那些起直接作用的因素。在接下来的第三章中，我们还将看到这些因素是如何发挥作用的。

在本书的第一卷，我们研究了群体的情绪、推理和接受思想的方式，根据已学知识我们显然尚难推断出影响群体心理的方法。我们已经知道什么能激发起群体的想象力，也认识到了暗示的传染性力量，尤其是以直观形象呈现的暗示。但是，由于暗示有不同的来源，所以影响群体心理的因素也大不一样，因此，我们很有必要分别研究。这种研究并非没有用处。群体有时像传说中的斯芬克斯[1]，如果我们不想被群体吞噬，就必须找到解决群体心理问题的方案。

1 斯芬克斯在古埃及神话中被描述为有翅的狮身怪物，通常为雄性，而在希腊神话中它又成了雌性的邪恶物，代表着神的惩罚。据传，它常令路过的行人猜谜，如果猜错，它就会扼人致死。——译注

1. 形象、词语和套话

在研究群体的想象力时我们已经发现，形象对群体的影响巨大。这些形象并不总是现成的，但我们可以巧妙地使用词语和套话将其唤起。通过巧妙处理后的形象具有魔法师一样的力量，它们可以在群体的头脑中掀起最可怕的风暴，也能平息这种风暴。因词语和套话的力量而致死的人堆起的尸骨的高度比胡夫金字塔还高。

词语的力量与它所唤起的形象密切相关，与它真正的含义无关。含义最模糊的词有时更有力。比如民主、社会主义、平等、自由等等，其含义就非常模糊，以至于再大的篇幅著作也无法精确定义。但可以确定的是，这几个词语虽然短小，却有着真正的魔力，它们仿佛包含了解决一切问题的答案。它们各自都包含着强烈的愿望和实现愿望的希望。

说理和论述无法与某些词语和套话对抗。词语和套话一旦在人群中被说出，所有人的脸上都会浮现出敬重的表情，所有人都会顺服地低下头去。很多人认为词语具有自然的力量，甚至具有超自然的力量。它们会在人们的脑海中唤起宏伟而笼统的形象，也正是这种模糊才让这些形象显得不证自明、力量神秘。词语是隐藏在神龛后面的神秘神明，虔诚的信徒一旦靠近就会立即恐惧和战栗。

词语激发的形象与词语本身的含义无关。词语激发的形象因时代和民族的不同而不同，但它们的作用机制是相同的。某些特定的词语包藏着特定的时代形象，它们会在某一时代激发起这些形象，就如同触动了电铃的按钮。

并非所有的词语和套话都能唤起形象，有些词语曾经有这种力量，但不断的重复会使其失去力量，也就不能再在大脑中引起反应。这些词语和套话虽然内容空泛，也不再让人产生思考，但我们凭着小学时候学的一些套话，就拥有了生活所需的一切，而且不需要再去费心思考任何事情，这正说明了词语和套话曾经的力量。

任何一种语言，只要我们研究，就会发现，构成语言的词语在漫长岁月中变化很小，但同一词语唤起的形象却在不断变化。这就是为什么在另一部著述中我得出了这样的结论：对一种语言进行准确翻译是不可能的，尤其是古老的语言。当我们将拉丁语、希腊语或梵语翻译成法语时，甚至当我们努力去理解一部用三百年前的法语写成的书时，我们到底能读到什么呢？我们只是把现代生活赋予我们大脑的形象和概念与古代民族头脑中的形象和概念对应罢了，但古人的生活环境与我们现在的生活环境毫无相似之处。

大革命时期的人觉得自己在复制希腊和罗马，但他们除了给古代词语强加上从未有过的含义之外，还能做些什么呢？古希腊的制度与我们今天用相应的词语所指的制度之间，还有相似之处吗？在那个时代，“共和”的本质是一种贵族制，是指一群小暴君们联合起来统治一群完全被驯服了的奴隶。在奴隶制基础上形成的贵族共和制，如果没有奴隶制，是不可能存在的。

再以“自由”一词为例。在今天，没有人会怀疑思想自由的可能性，也没有人会因为妄议上帝、法律和城邦习俗而犯罪，但同样是“自由”这个词，它在过去的时代又有怎样的含义呢？“祖国”这个词对雅典人或斯巴达人来说又意味着什么呢？这个词所指不过是雅典人和斯巴达人献祭的地方，而不是各城邦之间相互敌视、常年战乱的希腊国。同样是“祖国”一词，它对古代高卢人又有什么含义呢？那时的高卢分为敌对的不同部落和民族，各自拥有不同的语言和宗教，所以恺撒可以轻易分化他们，并在他们中间找到盟友。是罗马统一了高卢国的政治和信仰，使它成了一个国家。不用回溯到恺撒时代，就以两个世纪以前为例，难道我们能够相信，与外国结盟反抗本国君主的法国亲王大孔代[1]对“祖国”一词的理解与现在的一样吗？同样，对于那些流亡的法国保皇派人士来说，“祖国”一词的含义与我们现在的理解也完全不同，因为那时封建制度规定诸侯必须效忠的是君主，而不是土地，所以只有君主所在的地方才是他们的祖国。

许多词语的含义随着时代的变迁已经发生了深刻变化，我们必须通过大量研究才能理解。有人曾经说过，仅仅是探究“国王”和“王室”这两个词对我们曾祖父那一辈人意味着什么，都需要我们进行大量研究。那么，对含义更复杂的词，情况就更是这样了！

因此，词语的含义不仅多变，而且易变，它随时代和民族的不同而变化，所以，当我们想用词语对群体施加影响

1 大孔代，即路易二世·德·波旁（1621—1686年），波旁王朝第四代亲王的外号。他是波旁王朝的著名贵族，也是著名的军事家、政治家，是孔代家族的代表性人物。——译注

时，我们必须知道群体在特定时刻可能赋予它的含义，而不是它曾经有过的含义，也不是它在面对另一群心理结构不同的个体时所拥有的含义。

因此，当群体由于政治动荡或信念的改变对某些词语激发的形象感到反感时，真正的政治家首先要做的是改变词语，同时又不能触碰制度的实质，因为制度的实质与民族的传统密切相关，是不能改变的。睿智的托克维尔[1]早就说过，执政者和君主最重要的工作是用新词替换掉旧制度曾经用过的词，也就是说，用那些新奇而不让大众产生不好联想的词语替换掉那些让大众反感的旧词语。“租税”或“佃户税”换成“土地税”；拉丁语的“盐税”换成法语的“盐税”；各种“徭役税”中的“军役税”和“民役税”，有的归入统一税种，有的则“间接分摊”到商品中，改叫“捐税”；“营业税和行业税”直接改成“执照管理费”等等。

所以，政治家最重要的责任之一，就是用人们喜闻乐

1 托克维尔（1805—1859年），法国历史学家、政治家，政治社会学的奠基人。主要著作有《论美国的民主》《旧制度与大革命》等。——译注

见的词语为老词语施洗。词语的力量太强大了，即使是最让人可憎的事物，只要用精心挑选的名称来指定，大众也会接受。丹纳说得对，正是因为援引了“自由”和“博爱”这两个在当时非常流行的词，雅各宾党人才成功地确立起一种“堪比达荷美[1]”的专制，才建立起一种类似于宗教法庭的审判制度，并实施了与古代墨西哥类似的“人类大屠杀”。统治者的艺术与律师庭辩的艺术一样，首先是要正确地使用词语。掌握这门艺术的最大困难在于，在同一个社会中，同一个词语在不同的社会阶层有着非常不同的含义，表面上他们在用同样的词，但实际上他们表达却是各自不同的含义。

在前面的例子中，词义的改变主要是时间在起作用。但是，如果我们把民族因素也考虑进去，就会发现，在同一时期，在文明程度相同的不同民族中，同样的词语往往对应着完全不同的含义。如果没有去过很多地方考察，是不可能理解这些差异的，所以在这里我就不详述了。下面我要讲的是

1 达荷美，17世纪西非阿贾人建立的封建国家，1899年起为法国殖民地，1960年独立为“达荷美共和国”，1990年改名为“贝宁共和国”。——译注

不同国家的民众最常用但含义最不同的词语，比如“民主”和“社会主义”等。

事实是，在拉丁人和盎格鲁-撒克逊人的头脑中，“民主”和“社会主义”对应着几乎完全相反的信念和形象。对拉丁民族来说，“民主”更多地意味着个人的意志对集体意志的服从，是国家对一切事务的指导，是对权力的集中和对资源的垄断。这类国家的所有党派，包括激进主义者、社会主义者和反政府主义者，都无一例外地想要得到政权。但在盎格鲁-撒克逊人那里，特别是在美国，“民主”则意味着个人意志的高度强化，国家意志尽可能多地服从个人意志，除了警察、军队和外交，不允许国家对任何事情进行干预，甚至包括公共教育。于此，我们可以看到，同一个词，对一个民族来说可能意味着个人意志对集权的服从，对另一个民族来说则可能意味着个人意志的高度发展及国家对个人意志的服从[1]。

1 在《民族演化的心理规律》一书中，我曾用了很长的篇幅讨论拉丁人和盎格鲁-撒克逊人在民主理想上的区别。保罗·布尔热在旅行考察后，在他最近的《外出》一书中阐述了与我几乎完全相同的结论。——原注

2. 幻想

从文明的曙光出现时起，大众就一直被幻想所左右。他们为幻想的创造者所建的庙宇、雕像和祭坛比其他任何人都多。无论是过去的宗教幻想，还是现在的哲学幻想和社会幻想，在这个星球不断繁荣的各种文明的顶端，这种强大得令人惊叹的力量总是存在。正是人类的集体幻想，使人类建造了迦勒底[1] 和埃及的神庙，以及中世纪的宗教建筑；一个世纪前震动整个欧洲的动荡，也是因为幻想；我们的政治、艺术和社会理念，无一能脱离幻想的强大影响。有时，人类会以残酷的动荡为代价推翻它，但它似乎注定很快又会再次兴起。如果没有幻想，人类可能无法走出原始的野蛮状态；如果失去幻想，人类很快又会回到原始的野蛮状态。毫无疑问，幻想都是虚假的影子，但正是幻想推动各民族创造出了辉煌的艺术和伟大的文明。

如果毁掉博物馆和图书馆，如果在教堂前的石板上把一

1 指两河文明。在新巴比伦王国鼎盛时期，神庙拥有大量土地，而且经营着商业和手工业。——译注

切宗教著作和艺术作品撕碎，那么人类的伟大梦想还能剩下什么呢？没有希望和幻想，人类将不复生存，这就是诸神、英雄和诗人存在的理由。在最近50年的时间里，科学似乎正在取而代之，但在追求理想的心灵面前，科学妥协了；因为科学不会说谎，因为它不敢慷慨地许诺。[1]

上个世纪的哲学家狂热地致力于摧毁我们祖先赖以存在了好几个世纪的宗教、政治和社会幻想。他们让希望和顺服的源泉同时枯竭了，但在幻想失去之后，他们又深感茫然，因为科学面对的只有岑寂的自然力量，这种力量既没有同情，也没有慈悲。

哲学虽然有了很大发展，但它至今仍未为大众提供令他们着迷的理想；但大众必须拥有自己的幻想，所以他们本能地转向了诗歌，就像昆虫转向闪耀的灯光。所以不是真理，而是幻想在推动一个民族的演进。今天，社会主义之所以如此强大，是因为只有它构建了社会发展的终结幻象。尽管已有各种科学的论证，但它仍在继续发展。它的力量主要在

1 丹尼尔·鲁西埃语。——原注

于，它的领袖都是对现实足够无知的人，而这些无知的人却敢于对人类幸福作出大胆的许诺。今天，社会主义幻想统治着历史堆积起来的一切废墟，但未来仍然还是它的。大众从不渴求真理，他们对不符合他们胃口的证据总是视而不见。如果谬误引诱到了他们，他们就将崇拜谬误。谁能为大众提供幻想，谁就能轻易成为他们的领袖；谁想要试图摧毁他们的幻想，他们就摧毁谁。

3. 经验

要使真理在大众心中牢固地确立起来，并摧毁大众心中那些过于危险的幻想，仿佛只有经验最有效。为了达到这个目的，就必须大规模地获得经验，并且必须经常重复。一代人的经验对下一代人来说通常都不起作用，所以历史事实无法说服任何人，也证明不了什么是真理什么是谬误。历史事实唯一的作用，就是证明每代人要亲历多少事才能从经验中吸取教训，才能动摇大众心中根深蒂固的错误观念。

历史学家无疑会把我们这个世纪和上一个世纪视作充满奇特试验的时代，因为其他任何时代中都不曾有过如此众多

拿破仑兵败滑铁卢

1815年6月18日，拿破仑率领法军与反法联军在比利时小镇滑铁卢进行决战，反法联军获得决定性胜利。战败后，拿破仑的近臣强烈要求他专政，推翻逼迫他退位的议会，但是，拿破仑拒绝了这一要求，他清楚，法国人民已经抛弃了他。

的试验。

在这些试验中，规模最大的是法国大革命。为了证明一个社会不能依据纯理性从上到下地改造，就必须死亡数百万人，并在欧洲引发长达20年之久的动荡。为了证明暴君会让欢迎暴政的国家付出代价，便让他们在50年里历经两次毁灭性的教训。尽管两次毁灭是很明确的教训，但是似乎仍不足以让人信服。第一次教训损失了300万人的生命，并招来各种入侵；第二次教训则是领土的损失，并让人们明白了必须建立国家常备军队[1]。不久前差点又有第三次，而且也一定会有第三次。要让整个国家承认30年前强大的德国军队并不像它自诩的那样是一支无害的国民警卫队[2]，就必须进行一场让我们付出巨大代价的可怕战争。要让人们认识到贸易保护主

1 1793年1月21日，路易十六被送上断头台。至此雅各宾派的权力不受法律限制，可以任意决定谁是公民，谁是国家的敌人。面对“敌人”，雅各宾派直接用暴力消灭，对不愿对敌人下手的人，也一并消灭，终致成千上万的人被处决。1870年，法国在普法战争中战败，失去阿尔萨斯和洛林等大面积领土。——译注

2 在这种情况下，大众的看法是由不同事物之间粗糙的联系形成的。这种看法的形成机制，我在前面已有解说。当时的法国国民警卫队由一些平和的小店主组成，完全没有纪律，无论它叫什么名字，都不值得被认真对待。德国国民警卫队与此相似，所以大众认为德国国民警卫队也同样无害。当时的领导人犯了与大众一样的认识错误，就像在处理归纳推导时常发生的那样。1867年12月31日，一位喜听大众意见、没有引领性的政治家（我指的是梯也尔先生）在内阁议事厅演讲时说，普鲁士（德国）只有一支类似于法国国民警卫队一样的军队，除非它有一支像法国正规军一样的军队，否则它无足轻重。M. E. 奥利维耶在他的新作中也引用了这段话，这些断言就像梯也尔断言铁路只有微不足道的未来一样准确。——原注

义对国家的破坏，就需要经历至少20年时间的灾难。这样的例子还有很多。

4. 理性

在列举影响群体的心理因素时，如果不指出理性因素的负面作用，就完全没必要提及它。

我们已经证明：群体不受理性影响，群体只能理解概念之间的虚假联系。那些知道如何吸引大众的演说家，针对的总是大众的情感，却从不诉诸理性。逻辑法则对群体不起作用[1]。要让大众相信，首先就必须明白如何去激发他们的情

1 我对征服群体的艺术的第一次观察要追溯到巴黎被占领时期。一天，当我看到坐在罗浮宫的V元帅被一群愤怒的群众围着，并被指控是其将防御工事的设计图纸卖给了普鲁士人的时候，我感到十分惊讶。政府的一个人员是一位非常著名的演讲家，他一出现就大声训斥要求处决元帅的群众。我原以为，他会说群众对元帅的指控是荒谬的，但他却说被大家指控的元帅无疑是那些建造防御工事的人之一，他同时顺带着说，街上的每个书店都在廉价出售这个防御工事的平面图。这次演说的方向与我料想的完全不（转下页）

感，并假装自己有这种情感，然后用直接联想，通过极具暗示性的信息改变他们的情绪。如果有必要，还可以不时回到群体情感被激发时的观点，去试探演讲的效果，这点尤为重要。

演讲者的言辞所引发的情绪是刹那间的。所以，演讲者必须根据演讲的瞬间效果不断改变自己的言辞，也就是说，演讲之前准备的讲稿注定没用，演讲者必须即兴组织自己的语言。在这样的演讲中，演讲者的演讲如果遵循的是自己的思路，而不是听众的思路，他的演讲肯定不会有什么影响力。

习惯于严密逻辑思维的人在群体中进行演讲时难免会使用说服的方式，而这种论证模式的无力也会让他们自己十分惊讶。一位逻辑学家写道："通常基于三段式[1]的数学结论，

（接上页）同，令我震惊。演说者边朝元帅走去，边大声说："正义是要得到伸张的，无情的正义也会得到伸张。我们让国防政府调查他，并给出结论。在此期间，我们将继续拘押被告。"这一让步立即让群众安静了下来并很快散去。一刻钟后，元帅得以回家。——原注

1 三段式推理是进行数学证明、科学研究等思维时，能够得出正确结论的科学思维方法之一。三段式推理（转下页）

即用等式推出的结论必然成立……即使是无机物，如果也能懂得什么叫等式，也不得不承认这样的结论吧。”道理是对的，但群体并不比无机物更懂推导，甚至比无机物更不知道什么是推理。如果有人用说理的方式去说服低级的头脑，比如野蛮人或幼童，就能明白这种说理的方式一定没有用。

甚至被说服人无须降到原始人类低下的智力程度，我们就能知道，在情绪面前，说理与论证是多么无力。让我们回想一下宗教，它连最简单的逻辑都没有，却顽强地持续了那么多个世纪。近2000年来，一切杰出的天才都在它的律法面前低下了头，根本不可能存在像现代人对法律是否具有公正性一样的质疑。中世纪和文艺复兴时期有许多开明的人，却没有一个人用理性去审视迷信中幼稚的一面，也没有人对魔鬼的行径或烧死巫师的必要性有过一丝怀疑。

群体从不受理性引导，这会不会让人感到遗憾？我不敢贸然肯定。但毫无疑问，如果没有唤起热情和坚定，仅靠理

（接上页）就是以一个一般性原则（大前提）以及一个附属于一般性原则的特殊化陈述（小前提），引申出一个符合一般性原则的特殊化陈述（结论）的过程。——译注

性肯定是不能激励人类沿着文明的轨迹前行的。幻想作为无意识力量的产物，它引领我们的力量是确定的。每一个民族的精神结构中都隐藏着本民族的宿命，一个民族往往以一种不可遏制的冲动来服从这种宿命，虽然很可能它是明显无理的冲动。有时，各民族似乎都屈从于某种神秘力量，就像那把橡子变成橡树，使彗星沿着自己的轨道运行的力量一样。

对这种力量我们了解很少，但我们知道，我们只能在民族的大方向中去寻找，而不能在偶然出现的孤立事件中去寻找。如果只考虑这些孤立事件，历史就可能会是一系列偶然事件的随机结果。如果历史是理性的安排，那么，加利利一个什么都不懂的木匠不可能成为全能的神[1]，并在以后的2000年间以他的名义创立起世界上最重要的文明[2]；一群在沙漠里崛起的阿拉伯人，也不可能征服大半个希腊——罗马世界，而建立起一个比亚历山大帝国更伟大的帝国；在欧洲文明高

1 这里全能的神所指应为耶稣。耶稣的父亲约瑟是一位木匠，耶稣继承父业，做木匠时应在加利利地区的中心城市拿撒勒。——译注

2 这里指基督教文明，即欧洲文明。——译注

度发达的时期，在权力等级系统已经非常完善的阶段，一个籍籍无名的炮兵中尉[1] 也不可能成功统治无数民众和各国国王。

所以，让我们把理性留给哲学家吧，也不必坚持认为人类的统治必须要有理性的干预。不是理性，而是情感，诸如荣誉、奉献、信仰、爱国和对荣耀的追求，才是推动文明进程的动力。

1 这里指拿破仑。拿破仑从巴黎军官学校毕业后，进入拉斐尔军团，并被授予炮兵中尉军衔，这也是拿破仑在军内的最低军衔。——译注

第三章　群体的领袖和他们的说服手段

1. 群体领袖

人本能地希望聚集成群体，并服从领袖的领导 / 群体领袖的心理 / 只有他们能赋予群体以信仰并能组织他们 / 领袖的独裁专制 / 领袖的分类 / 意志的作用

2. 领袖的行为方式：断言、重复、传染

各种方式的作用 / 传染从社会底层扩散到上层的方式 / 流行的观念很快变成社会的普遍观念

3. 威望

威望的定义和分类 / 获得的威望和个人的内在威望 / 各种各样的例子 / 毁掉威望的方式

我们已经了解了群体的心理结构，也知道了什么样的因素能影响群体心理，我们接下来要研究的是，这些因素是如何发挥作用的以及由谁来有效使用。

1. 群体领袖

一定数量的生物一旦聚集在一起，无论他们是动物还是人，都会本能地把自己置于一个领袖的权威之下。

在群体中，领袖通常只是一个小头目或一个带头煽动者，但领袖在群体中的角色却很重要。他的意志是民意聚集的核心，能让民意得以统一。他是异质群体组织化的首要因素，并为宗派的形成扫除障碍，同时，他指挥着群体。群体是奴性的，没有主人就将一事无成。

通常领袖最初在群体中只是被领导者。他自己也被某种思想催眠，成了这种思想的信徒。这种思想支配他，这种思想以外的一切都消失了。在他看来一切不同的思想都是错误的或迷信的。罗伯斯庇尔就是典型的例子，他被卢梭的哲学思想催眠，并用宗教法庭来保证卢梭思想的扩散。

这里所说的领袖，大多是实干家而不是思想家。他们没有敏锐的远见，也不可能有，因为敏锐的远见会让人优柔寡断。而领袖总是病态地坚定、高度亢奋、近乎处于疯癫状态。无论他们心中的理念、追求的目标多么荒谬，他们的信仰都很坚定，他们的理性都很薄弱。蔑视和迫害无法改变他们，只会让他们更亢奋。他们会牺牲个人和家庭的一切利益，甚至丧失自我保存的本能，以至于他们会只求殉道。他们坚定的信仰给他们的话语注入了巨大的暗示力。大众更乐意听从意志坚定的人的话，因为意志坚定的人更知道如何发号施令。人们一旦聚集成群体，就会丧失所有的意志力，谁拥有他们所缺的品质，他们就会本能地拥护谁。

任何民族都不缺少自己的领袖，但并非所有领袖都拥有信徒那样坚定的信念。领袖更多是狡猾的修辞学家，他们只谋求自己的利益，懂得如何通过取悦人的低级本能来掌控他人。他们以这种方式施加的影响虽然非常大，却总是非常短暂。但那些有炙热信仰的领袖则不同，如隐士彼得、路德、萨沃纳罗拉[1] 以及法国大革命中的领袖等，他们无一不是在

1 隐士彼得（1050—1115年），法国修士，第一（转下页）

自己先被一种信仰征服后，才有了征服他人的魅力。正是这样，他们才能在追随者的灵魂中召唤出一种叫作“信仰”的强大力量，然后把人变成梦想的奴隶。

激发信仰——不管是宗教的、政治的，还是社会的，无论是对一件作品、一个人，或者一种思想——一直是群体领袖的最大职责。正因为此，他们总会有强大的影响力。在人类所能使用的一切力量中，信仰一直有最强大的力量。《福音书》[1] 明确地显示了信仰所具有的排山倒海的力量。拥有信仰，一个人就会拥有十倍于过去的力量。历史上的重大事件都是由那些不知名的信徒完成的，这些人除了信仰，便不再有其他的东西。统治世界的伟大宗教或幅员辽阔的庞大帝国，都不是在学者或哲学家的帮助下建立起来的，更不是在

（接上页）次十字军东征时的队长，曾率信徒到达耶路撒冷布道。路德（1483—1546年），德国基督新教创始人。萨沃纳罗拉（1452—1498年），文艺复兴时期意大利著名宗教改革者。——译注

1 即《圣经·新约》中的《马太福音》《马可福音》《路加福音》和《约翰福音》，是由耶稣的四个门徒所著的四部介绍耶稣生平事迹的书。——译注

怀疑论者的帮助下建立起来的。

但在上面提到的事例中，我们面对的都是为数极少的大领袖，历史有足够的篇幅来记载他们。他们构成了连绵的峰巅，但从这些高大的峰巅回望他们的过去，我们会首先看到，在烟雾缭绕的小酒馆里，他们正在向工人们灌输固定的词语，并把工人慢慢催眠。对于这些词语的含义，听者并不太明白，但他们相信，这些词语一旦变成现实，所有的梦想和希望都能实现。

无论贵贱，一个人只要处身于群体中，就会迅速受到领袖的影响。大多数人，尤其是广大群众，对任何超出自己知识范围的问题，都没有清晰而理性的观点，他们需要领袖的引导。为领袖出版的期刊也有这样的作用，它们为读者提供领袖思想，提供现成的词语，省去读者思考的麻烦，虽然这种方式的效果会略差一些。

群体领袖都非常专权，这种专权正是他们拥有更多追随者的前提条件。人们常常叹喟，虽然没有任何职权支撑他们的权威，但他们却能轻易驯服最狂暴的工人阶级。他们可以断然规定工人的劳动时间和工资水平，他们可以下令罢工，而且开始和结束的时间也完全由他们决定。

法国大革命时期的罢工

1789年，巴黎市场上的妇女在凡尔赛宫前举行罢工游行。

今天，这些领袖和煽动者都越来越热衷于夺取公权力，因为公权力在今天所受的质疑太多。结果新主人的暴政却比政府更能让公众服从。如果因为某些偶然因素，领袖在群体中突然消失了，群体就会回到没有凝聚力和抵抗力的原始状态。在巴黎公共马车雇员罢工期间，领导这场罢工的两名领导人被捕后，罢工立即就结束了。对乌合之众进行招魂的，从来不是对自由的渴望，而是对被奴役的渴求。他们是如此甘于服从，以至于他们会本能地顺从任何宣称是他们主人的人。

我们可以将这些领袖和煽动者明确分为两类。一类是那些激情澎湃，拥有强大而短暂的意志力的人。另一类是那些具有持久意志力的人，虽然这类人十分少见。前者是暴力的、勇敢的和无畏的，可以用于指挥临时决定的暴动，他们敢于带领群体冒险，从而一跃成为大英雄。这种人就是法兰西第一帝国时期的内伊和缪拉[1]，以及我们这个时代的加里波第[2]，一个没有才干却精力充沛的冒险家，他只带领一小队人马就成功占领了那不勒斯王国。

尽管第一类领袖的能量不可忽视，但这种能量的持续时间很短暂，没有他们正在发挥作用的事业持久。当他们回归日常生活状态时，就像上面所说的几个英雄一样，他们性格中令人震惊的缺陷就会完全暴露出来，虽然正是这一性格激

1 内伊（1769—1815年），法国大革命时期和拿破仑战争时期的法国将领，1804年被授予帝国元帅称号，1815年滑铁卢战役失败后，被波旁政府以叛国罪处决。缪拉（1767—1815年），拿破仑一世时期的元帅，拿破仑失败后的1815年，他被奥地利军事法庭判处死刑，并在皮佐被枪决。——译注

2 加里波第（1807—1882年），意大利军事家，民族解放运动领袖，对意大利的统一有重要贡献。——译注

发出他们的强大能量。尽管他们能领导他人，但他们并没有思考能力，他们只有在被领导且在持续刺激的激励下才能发挥作用。他们得一直有一个人或一种思想作为指路的灯塔，他们只能在一条明确的行为路线上行动。

第二类领袖是具有持久意志力的人，他们表面上虽然没有太多光彩，却具有更大的影响力。这一类人是宗教和伟大事业的奠基人，比如圣保罗、穆罕默德、哥伦布和雷赛布[1]。他们是聪明的还是偏执的并不重要，这个世界属于他们。他们不屈不挠的意志力极其罕见而又强大，能使他们成就一切事业。强大而持久的意志力并不总是能得到相应的赞赏，但无论是自然、神还是人都无法阻挡它。

关于强大而持久的意志力所能产生的影响，最近的事例就是杰出的德·雷赛布。他把世界分为东方和西方，完成了

1 圣保罗（约3—约67年），早期基督教领袖之一，《圣经·新约》二十七部书中至少有四五部被认为是他所著。哥伦布（约1451—1506年），意大利航海家，美洲的发现者。雷赛布，法国企业家，法国驻埃及大使，1869年完成了苏伊士运河的开凿，但1889年开凿巴拿马运河时因资金紧缺而破产。——译注

300年来最伟大的君王想完成而没有完成的任务。后来，他在推进另一个伟大的事业时失败了，那只是因为那时他已年老体衰。在衰老面前，一切都屈服了，包括他的意志力。

想要说明人类仅凭意志力可以做成什么，只需要看看开凿苏伊士运河必须战胜的困难的记载就可以了。见证者卡扎利斯博士用动人心魂的笔触，记录了这一伟大工程的建设者所讲述的故事。

日复一日，他一次又一次地讲述开凿运河的惊人故事。他讲述了他必须战胜的一切，讲述了他如何把不可能变成可能，讲述了他所遇到的所有反对和围攻，以及他所遭遇的失望、挫折和失败为什么没能让他气馁和沮丧。他聊到英格兰如何无休止地攻击他，与他争斗，聊起埃及和法国是怎样地犹豫不决，聊起法国领事在工程初期是如何反对他，以及他遭遇的其他阻扰，比如，他们切断供给工人的淡水，试图迫使工人因干渴而逃离；他还聊起，那时，海军大臣和工程师们以及所有有经验又受过专业训练的人，都对他心怀敌意，他们根据科学理论断定灾难正在逼近，而且还计算出了灾难发生的必然时间，就像预测日食的日期和时辰一样。

在讲述伟大领袖的书籍中，这样的名字并不多，但这些名字却与文明史上的重大事件紧密联系在一起。

2. 领袖的行为方式：断言、重复、传染

要在短时间内煽动群众，诱导他们去做任何事，比如抢劫宫殿，比如死守要塞或为守街垒而献身时，就必须立即对群体施以暗示，以使其立即行动，而此时，偶像的暗示力量最有效。但是要达到这一目的，必须事先在群体氛围上做准备，而且最重要的是，那些操纵群体的人必须具备我们接下来要研究的这种品质，即“威望”。

然而，当领袖们打算向群体灌输某种思想和信念，比如现代社会学说时，就必须使用各种手段，其中，最重要而有效的手段有三，即断言、重复、传染。它们的作用虽然有些缓慢，但一旦生效，便会非常持久、有力。

纯粹而简单的断言，不带任何推理和论证，是使思想进入群体头脑的最可靠的手段之一。断言越简洁，即越不带任何论据和证明，作用越大。任何年代的宗教信条，都无一例外地只采用简单的断言。号召人们捍卫政治事业的政治家，

利用广告推销产品的商人，都深知断言的价值。

但是，如果不一再重复，而且是以相同的方式重复，断言就不会起真正的作用。拿破仑说过，在修辞中，只有一种修辞重要，那就是重复。重复的断言会让被断言的事物固定在群众的心里，并最终成为不证自明的真理。

看一看重复对最智慧的头脑的作用，我们就明白重复对群体的影响。这种力量源自这样一个事实，即反复的陈述会使内容嵌入我们深层的无意识自我中，而我们行为的动机正是在这里产生。一段时间后，当我们忘记那反复的断言出自何人之口时，我们就会信以为真。广告的惊人力量正由此而来。当我们一百次、一千次地读到“某品牌的巧克力是最好的”，我们会以为在很多地方都听到过这样的说法，并最终确信这就是事实。如果我们一千次读到“某药粉治好了某位名人的顽疾”，当我们也被同一种疾病折磨时，我们最终会忍不住用它试试。如果我们在报纸上总是读到“某人是十足的流氓”“某人是最诚实的人”，最后我们也会确信这些就是事实，除非我们有机会读到相反的信息。断言和反复的力量不仅十分强大，而且会相互抵消。

当一个断言不断重复，并在重复中获得大众一致的看法，就会形成所谓的“风评”，并且其强大的传染机制很快就会开始运行，就像一个很大的金融项目中某些人富得足以买到任何帮助。在群体中，思想、情绪、情感和信念都具有一种类似病毒的强烈传染力。这种现象非常常见，即使是动物，当它们聚集到一定的数量时也会出现这样的情况。如果一匹马咬它的马槽，马厩里的其他马也会仿效它。几只羊的恐慌很快就会蔓延到整个羊群。当人们聚在一起时，一切情绪都会很快传染，这就是恐慌总会不期而至的原因所在。精神障碍，比如神经症也会传染。在精神病院，医生的精神病发病率很高，这一点人所周知。最近有人研究某些精神疾病病例，发现户外恐惧症就可以由人传染给宠物。

没有在同一地点出现过的不同个体之间也会发生传染。有些事件一发生就会影响到分散的个体，传染会让所有人产生同一种情绪倾向，这也是群体才有的特征。尤其当前面说过的间接因素已让人们的头脑做好了充分准备时，传染会更加明显。1848年的革命运动就是一个典型的例子，它在巴黎爆发，却迅速席卷几乎整个欧洲，撼动了许多国家的王权。

很多社会现象的产生都是因为彼此模仿，但模仿其实只是传染的一种反应。在别的书中，我已经谈到过模仿在社会现象形成过程中的作用，在这里，我只想把15年前我对这一问题的论述复述一遍，虽然我的某些观点在其他作者的近期著述中已经有所发展。

人和动物都有模仿的天性。模仿对人来说是必然的，也很容易。正是模仿的必然性，才使所谓的“时尚”拥有如此巨大的力量。无论是在观点、思想、文学手法方面，还是在服饰方面，很少有人敢于与时尚背道而驰。引领群体的不是理由，而是偶像。每个时代都有少数个体会对其他个体产生影响，并被大众不自觉地模仿。但这些个体不能过于背离大众已经接受的观念，这一点非常重要。如果他们过于背离，那么要让大众接受并模仿他们就太难了，而且，他们已有的影响也会化为乌有。因此，那些明显超越时代的人，他们对自己所处的时代通常都没有影响，因为他们太脱离时代了。同样的原因，欧洲虽然拥有文明优势，但是它对东方的影响微乎其微，这也是因为两者差距太大了。

在历史的影响与交互模仿的双重作用下，同一国家、同一时期的所有人都非常相似，以至于那些想要摆脱这种双重影响的人，比如哲学家、思想家和作家，他们的思想和风格也有一种无法摆脱的承袭，让人一眼就能认出他们所处的时代；不必与人长谈，就可以知道此人平常读了什么书、他的职业和习惯，以及他生活的环境。[1]

传染的力量是如此强大，它不仅能让某些观念深入人心，还能改变人的情感模式。在某一个时期，某件作品被轻视，比如《唐豪瑟》[2]，但几年后，因为传染，同一件作品又受到同样一群人的高度赞赏。

群体的思想和观念是通过传染来扩散的，而不是通过说理。今天在工人阶级中盛行的观念最早出现于小酒吧，它的流行也是持续不断的断言、重复和传染的结果。实际上，群体观念的形成模式在每个时代都基本相同。勒南[3]将基督教的

1 见《人与社会》第二卷，1881年版。——原注

2 德国作家理查德·瓦格纳（1813—1883年）的歌剧《唐豪瑟》，1845年在德累斯顿宫廷剧院首演。——译注

3 勒南，即欧纳斯特·勒南（1823—1892年），法国宗教学家、历史学家，著有《耶稣传》《以色列史》等。——译注

缔造者与“在酒吧之间传播社会主义思想的人”进行了巧妙的比较；而伏尔泰在谈及基督教时也说：“曾经在100多年的时间里，它只被卑下的民众所接受。”

需要指出的是，从前面的例子中不难看出，传染在大众中一旦发挥作用，就会很快向上层阶级蔓延。这就是今天我们在社会学说传播过程中看到的情况，这一学说已被即将成为第一批受害者的人接受。传染的力量是如此强大，以至于个人的利己情感也会在它的作用下消失。

这就解释了这样一个事实：已被民众接受的每一种观念，无论其多么荒谬，总会以被社会上层接受而终结。由上而下的反作用机制十分奇妙，民众的观念往往来自更高的思想环境，但这些观念在最初出现的环境里却毫无影响。领袖或煽动者一旦被这种更高的思想观念所征服，便抓住它，扭曲它，然后自创一个宗派，再继续扭曲它，直到它能在民众中传播，并被民众进一步扭曲变形。当这一观念成为流行的真理，它就会回到它的源头，并对国家的上层阶级产生影响。从长远来看，智慧只是在间接决定世界的命运。以我刚才所述的反作用机制看，促进人类思想发展的哲学家们，他们思考的成果往往都在他们归于尘土后才会得到认可。

3. 威望

通过断言、重复和传染，思想得以普及并获得广泛的威力，在特定的情况下，这些思想会获得一种被称作“威望”的神秘力量。

世界上任何一种统治力量，无论是思想还是人，基本上都以“威望”的力量来加强它的权威。每个人都明白这个词的含义，但使用这个词的方式很多样，以至于很难界定它。威望可能包含敬畏之类的情感。有时候，敬畏是威望的基础，但有时候，没有敬畏，威望也能存在。从死者身上最能看出他们曾经有过的威望的大小，也就是说，在我们对他们不再畏惧时，他们的威望才是真实而至高的，比如亚历山大、恺撒、穆罕默德和佛陀。还有一些虚拟人物，比如印度地下神庙中那些奇形怪状的神像，我们对它们并不尊敬，却觉得它们也很有威望。

威望实际上是一个人、一件作品或一种观念对我们的精神控制。这种控制会完全麻痹我们的判断力，让我们的灵魂满怀敬畏。它激起的情感就像其他情感一样，无法解释，又好像与迷恋一个人的魅力是一样的。威望是一切权威的力量源泉，没有它，神、君王和美人都无法吸引世人。

威望的类型很多，但整体上可分为两大类：获得的威望和内在的威望。前者来自外在的头衔、财富和声誉，这种威望与个人的内在威望无关。相反，后者则是个人内在的力量，它可以与头衔、声誉和财富共存，也可以因它们而加强，但在没有它们的时候，它也能独自存在。

获得的或者人为的威望最常见。一个人只要拥有一定的地位、一定的财富，或者拥有某些头衔，就会获得某种威望，即使他本人毫无价值。身穿制服的士兵和身穿长袍的法官都有一定的威望。帕斯卡[1] 指出，长袍和假发对法官十分必要，如果没有这些，他们的权威将会减少一半。即便是最坚定的社会主义者，当见到亲王或侯爵时，他们也会动摇，因为如果他们也拥有这样的头衔，他们压榨起商人来就容易多了[2] 。

1　帕斯卡（1623—1662年），法国哲学家、数学家和物理学家。主要作品有《几何的精神》和《思想录》等。——译注

2　头衔、勋章和制服对大众的影响在任何国家都可以看到，甚至在那些个人独立意识最发达的国家也是如。关于这一点，最近一本游记中有一段很有意思的话，讲（转下页）

我上面所说的是以人为载体的威望；与之相应，各种理论、文学和艺术作品等也能和人一样具有某种威望，只是后者的威望是不断重复的结果。历史，尤其是文学艺术史，都是对同一判断的不断重复，没有人想到去确证它。每个人都只是在重复学校里学到的那些东西，直到它们成为没人敢去追问的名著和名胜。对于现代的读者来说，阅读荷马[1] 很无

（接上页）的是大人物在英国所享有的威望："我曾经观察到，在许多场合，即使是最体面的英国人，只要与英国贵族接触或同行，他都会有一种特别的陶醉感。

"如果他的财富能够提升他的地位，他就能确定人们对他的爱戴；人们一旦与他接近，就会为他倾倒，对他百般容忍。走近他时，人们会兴奋得面上泛红；如果他与他们说话，抑制不住的喜悦会让他们面红耳赤，让他们双眼闪烁出异样的光芒。他们的血液里流淌着对贵族的崇敬，可以这样说，这与西班牙人的血液里有对舞蹈的热情，德国人的血液里有对音乐的热情，法国人的血液里有对革命的热情一样。他们对骏马和莎士比亚的热情没有那么强烈，因为他们从其中获得的满足和自豪在他们的生活中并非不可或缺。有关贵族的书卖得很好，随便在哪儿都能看到，就像《圣经》一样，几乎人人都有。"——原注

1 荷马（约前9世纪—前8世纪），古希腊诗人，有著名的《荷马史诗》传世。——译注

聊，但谁敢这么说呢？帕特农神庙现在的模样只是一堆无聊的废墟，没有任何价值，但它的威望却是如此之高，以至于我们已不再在乎它真实的样子，只在意与它相伴的历史记忆。

威望的特点是它能阻止我们去关注事物的本来面目，使我们的判断力完全麻痹。无论群体还是个体，都等着接受现成的观点，这些观点被接受的程度取决于它们的威望，而不是它们背后的真理或谬误。

现在，我们来讨论个人的内在威望。它的性质与我们刚才讨论的人为的或获得的威望大不相同。个人的内在威望与任何头衔、地位都无关，也只为少数人拥有，虽然他们与周围的人的社会地位平等，也没有特殊的操控手段，但他们就像天生的驯兽师，可以轻易驯服凶猛的动物，他们能让周围的人乐于接受他们的思想和情感。

伟大的群众领袖，比如佛陀、耶稣、穆罕默德、圣女贞德和拿破仑，都拥有这种威望；他们获得地位，靠的正是这种内在威望。诸神、英雄和各种教义都凭借自己的内在力量开辟了自己的道路，但它们是不能被质疑的，因为一旦被质疑，它们的威望就会消失。

我上面提到的那些伟人，他们早在成名之前就已经具有了这样的魅力，若非如此，他们就不可能成为伟人。比如拿破仑，在他的鼎盛时期，他仅凭手握的权力就可以享有巨大的威望，但事实是，在他没有权力也不为人知时，他已经部分地拥有了这种威望。当他还是一位默默无闻的小将，靠强有力的后台被派往意大利指挥军队时，他发现自己将要面对的是一群粗鲁的将军，这群人对督府派来的年轻人心怀敌意。但从第一次见面开始，他们就被他的内在魅力征服了。他没有借助任何语言、姿态和官威，丹纳从当时的回忆录中摘录了有关这次见面的神奇描述。

师部的将军们，包括奥热罗在内，都是些粗野而英勇的猛士，他们都为自己的高大和勇敢感到骄傲。他们一到军部，就对巴黎派来的这个小暴发户非常不满。即使别人对他的能力已有描述，但奥热罗仍然表现得傲慢无理，不愿服从。他认为，这个新来的年轻人只是巴拉斯[1] 的一个宠儿，是一个在旺

1 巴拉斯（1755—1829年），法国大革命时期督政府中最有权势的人物。——译注

代事件中靠巷战发迹而获得军阶的人，他模样不佳，总是独自一个人思考，像一个只会在纸上演算的梦想家。

他们被带进来后，拿破仑让他们等着。最后，他终于出现了，带着他的佩剑出现了。他戴上帽子，讲述了他的部署，下达了命令，然后就让他们解散了。奥热罗始终一言不发，直到解散后他走到外面，回过神来才又像平常一样骂骂咧咧。他对马塞纳[1] 承认，这个小个子将军像恶魔一样让他畏惧；他无法理解自己为什么一见面就被这个小个子镇住了。

成为伟人后，拿破仑的威望随着他的声誉与日俱增，在他的信徒眼中，他几乎就是神。旺达姆将军，一位大革命时期的典型军人，比奥热罗还野蛮、强悍，但在1815年，当他与德阿纳诺元帅一起走上杜伊勒利宫的楼梯时，他对德阿纳诺元帅说："那个魔鬼般的人对我有一种说不清楚的魔力，虽然我既不怕上帝，也不怕魔鬼，但当我站在他面前时，我会像小孩子一样颤抖，他可以让我钻进针眼，也可以让我赴

1 马塞纳（1758—1817年），法国大革命战争时期以及拿破仑战争时期的主要将领，法兰西帝国元帅。——译注

汤蹈火。”

拿破仑对所有与他接触的人都有同样的魔力。[1]

达乌[2] 在谈到他本人和马雷[3] 的忠心时说：“如果皇帝对我们说：‘摧毁巴黎，不让一个人逃掉，而且必须这样’，我确信，马雷一定会保守这个秘密，但是他还是会有所妥

1 拿破仑十分清楚自己的威望，他知道如何对待他周围那些大人物，并因之而提高自己的威望。在这些大人物当中，有一些曾让欧洲人望而生畏，但正是这样的人，在他面前的表现还不如马夫。有大量那个时期的传言和事例可以证明这一点。一天，在国会开会时，拿破仑狠狠地辱骂了贝格诺特，几乎将他当作一个没有礼貌的仆人。他走过去对贝格诺特说：“好吧，笨蛋，你又找不到头了吗？”于是个子高得像鼓的贝格诺特将背弓得很低，矮个子举起手便足以拧住他的耳朵。贝格诺特写道：“这是一种令人陶醉的恩宠，这是和蔼的主人常有的手势。”这个例子清楚地向我们表明威望会让人堕落到什么程度。这使我们理解了这位伟大的暴君对他周围的人的极大轻蔑，他只把他们当作“献身的炮灰”。——原注

2 达乌（1770—1823年），法国大革命战争时期及拿破仑战争时期的主要将领，法兰西第一帝国二十六大元帅之一。——译注

3 马雷，担任过拿破仑的国务秘书和外交部长。——译注

拿破仑与波尼亚托夫斯基巡视战场

拿破仑在其最辉煌时期，以一系列军政奇迹与短暂的辉煌成就赢得了民众的拥戴。在欧洲，除英国外，其余各国均向拿破仑臣服或与拿破仑结盟，形成了庞大的拿破仑帝国体系。图为拿破仑在莱比锡会战之前，与波尼亚托夫斯基元帅巡视战场。

协，他会把自己的家人送出城去。而我则会为不走漏一点风声而把我的妻子和孩子留在城里。”

我们只有认识了这种魔力的惊人力量，才能理解拿破仑为什么能从厄尔巴岛奇迹般地重返巴黎。他孤身一人，在面对对他的暴政已感到厌倦的伟大国家的所有力量时，能以闪电般的速度征服法国。 他只看了一眼那些奉命来捉拿他的将军们，一句话不说，那些人就都臣服了。

英国将军沃尔斯利写道：

> 拿破仑，一个从厄尔巴岛来的逃亡者，在几周内，几乎孤身一人，兵不血刃就成功推翻了法国合法国王统治下的整个权力构架；一个人要自证个人威望，还有比这更惊人的方式吗？他在最后的战役中，从开始到结束，对反法“同盟国”[1]都施加着惊人的影响，他轻易就可以“调动”他们，而且只差一点就要把他们打败了。

在他死后，他的威望仍在继续。借助他的威望，他默默无闻的侄子[2]成了皇帝。人们多么强烈地怀念他啊，他的传奇今天仍在流传。只要你拥有足够的威望，而且知道如何去维持这种威望，你就可以恣意虐待他人，可以轻易就屠杀掉几

1 同盟国，指共同向拿破仑的法兰西第一帝国宣战的奥匈帝国、大不列颠及爱尔兰联合王国、沙皇俄国、普鲁士王国等国。——译注

2 即法兰西第二帝国唯一一位皇帝，拿破仑三世路易——拿破仑·波拿巴。——译注

百万人，并且可以发动一次又一次的侵略战争。

在这里，我引用了一个非常独特的例子以说明威望的魔力。这个例子对阐释伟大宗教、伟大学说和伟大帝国的源起很有用。如果没有威望对群体的影响，宗教、学说或帝国的形成过程就不可理解。

但威望并不仅仅建立在个人威势、军事荣耀和宗教敬畏的基础之上，它可能还有一个更温和的来源，其影响力也同样强大。我们这个时代就有一些例子。我们的子孙后代将永远铭记的事件之一来自那位通过分开两个大洲，改变地球的面貌，进而改变国际贸易关系的杰出人物[1]。他之所以能够成功，一方面是因为他巨大的意志力，另一方面是因为他对周围的人所施加的魅力。他只需现身，就能让分歧的意见统一。他虽然话语简短，但凭着他的魅力，即使对手也会很快变成他的朋友。英国人尤其反对他的计划，但他在英国一现身，就争取到了一切支持。他晚年路过南安普敦，教堂的钟声会为他响起。现在，英国正为他塑立雕像。

1 该杰出人物指法国外交官、商人雷赛布。——译注他已经征服了想要征服的一切，包括人和事，包括沼泽、岩石和荒芜的沙漠，他不相信还有什么能阻挡他了，他希望在巴拿马再开掘一条苏伊士运河。他又以以前的方式开始了。他虽然仍有“移山”的信念，但他老了，这次的山更高，他移不动了。群山的阻挡以及随之而来的灾难彻底摧毁了英雄身上闪亮的光环[1]。他的一生告诉了我们：一个人的威望如何增长，也将如何消亡。在与历史上最著名的英雄比肩之后，他被他的国家的法官宣判为最卑鄙的罪犯。他死后，他的灵柩孤零零地穿过冷漠的人群，完全无人理睬。只有一些外国首脑对他致敬悼念，就像悼念一切名垂青史的伟大人物一样。[2]

1 在苏伊士运河通航后的1879年，雷赛布出任巴拿马运河公司董事长，巴拿马运河于1881年动工，1888年因出现财务问题被迫停工，遂酿成著名的“巴拿马丑闻”。雷赛布也因侵吞财产罪被判监禁5年，虽然其后英国最高法院认定他只属于玩忽职守而撤销原判决。——译注

2 奥地利维也纳的《新自由报》发表了关于雷赛布命运的长篇论文，对他的心理有最明智的洞见，因此，我把它引述如下：“在斐迪南・德・雷赛布被定罪之后，人们便不再对哥伦布的悲惨结局感到惊讶了。如果说雷赛布是（转下页）

前面所述都是特殊的例子。为了从心理学角度更细致地研究威望，我们有必要找出分布在两个极端之间的例子，包括宗教和帝国的缔造者，以及以炫耀一件新外套或一件饰品

（接上页）个骗子，那么任何高尚的幻想都将是犯罪。如果是在古代，人们会给雷赛布以回忆的光环，会让他在奥林匹克山上畅饮甘露，因为是他改变了地球的面貌，是他使造物更加完美。上诉法院的首席法官通过对斐迪南·德·雷赛布的判决而使自己不朽，因为国家一定会记住这个人的名字。这个人把罪犯的帽子扣在一位老人头上，而正是这个老人为他同时代的人带来了荣耀。

"不要再议论僵化的司法制度。每个国家都需要勇敢无畏的人，这样的人相信自己能克服所有的困难，而且不在乎个人安危。天才不可能谨小慎微。如果谨慎，人类将永远不能扩大自己的活动范围。

"斐迪南·德·雷赛布知道胜利的喜悦和失败的苦涩——苏伊士运河和巴拿马运河。他的内心充满了对成功的渴求。当雷赛布成功地连接了两个大洋时，国王和人民都向他致敬；今天，当他在安第斯山的岩石前遭遇失败时，他立即成了一个毫无教养的恶棍。在这种结果中，我们看到了社会各阶层之间的对抗，看到了官僚对地主们的不满，以及他们借助刑法对那些试图超越他们的人进行的报复。在面对人类天才的崇高信念时，现代立法者感到很尴尬，而公众对这些则更难理解。所以检察官要证明斯坦利（比利时著名探险家）是杀人犯、雷赛布是骗子是很容易的。"——原注

来让邻里羡慕的人。

在两个极端之间，我们可以找到构成文明的各个领域，比如科学、艺术、文学等形式的威望，也可以由此发现，威望是构成说服力的基本要素。自觉或不自觉地，所有拥有威望的人、思想或事物，都会因为传染的作用被迅速模仿，并迫使整个时代接受某种特定的情感模式并以此表达自己的思想。而且，这种模仿通常都是无意识的，所以也完美。那些临摹原始人的单调色彩和呆滞表情的当代画家，几乎都不清楚自己为什么要这样做，他们相信自己是出于真诚。但是，如果不是那位杰出的大师[1] 复现了这种艺术形式，人们就会只看到其幼稚和低级的一面。那些效仿那位杰出大师的艺术家也在画布上涂满了紫罗兰色的影像，但他们在自然中并没有真正看到过50年前的紫罗兰，他们只是被那位画家特有的强烈记忆“暗示”了。虽然那位画家怪到要画出这种东西，但

1 指马奈，马奈画有《手持紫罗兰的贝尔特·莫里索》。马奈是法国印象主义的早期画家之一，他开创性地将绘画从对立体空间的追求中解放出来，朝二维平面发展，这其实也是与原始绘画的全新衔接。——译注

他却成功了，并获得了很高的声望。在构成文明的所有领域中，类似的例子还有很多。

由此也可以知道，威望的形成与许多因素有关，其中，个人的成功是最重要的因素。成功的人灌输给他人的思想一般不会受到他人的质疑。成功是获得威望的重要基石，证据是：成功一旦消失，威望通常也会随之消失。昨天万众欢呼的英雄，如果今天失败，他可能饱受凌辱。威望越高，其威望消失后受到的攻击就越大。在这种情况下，人们会把跌落的英雄复又视作与自己一样的人，并会为自己曾对他低头而进行报复。罗伯斯庇尔在处死自己的同僚和许多同时代的人时，拥有巨大的威望，但当少了几张选票而权柄顿失时，他立即就失去了威望；民众高喊口号把他送上断头台的场景与不久前民众呼喊着同样的口号把被他迫害的人送上断头台的场景没有两样。信徒们总会以各种理由愤怒地打碎他们曾经的偶像。

没有成功作为支撑，威望会在很短的时间内消失。不仅如此，威望也可能在争议中慢慢磨蚀，直到消失。争议是一个过程，它带来的影响是十分明确的。一个人从遭受争议的那一刻起，威望就不再是威望了。长期享有威望的神和人都是不容许被质疑的。为了让民众仰望，它们必须与民众保持一定的距离。

第四章　群体信仰和观念变化的极限

1. 牢固的信仰

某些共同信仰是不变的 / 它们决定着文明的进程 / 它们很难根除 / 从某一角度看，排斥异己是一个民族的优点 / 信仰即使逻辑荒谬，也不妨碍它的传播

2. 多变的群体观念

不是源自共同信仰的观念极其易变 / 近一个世纪以来观念和信仰的表面变化 / 这些变化的极限 / 这些变化的结果 / 共同信仰的消失，以及报纸的广泛传播使今天的观念越来越多变 / 为什么群体对重大问题倾向于漠不关心 / 今天的政府无力像过去那样引导群体的观念 / 由于观点的分歧太大，所以今天再也无法形成主流观念

1. 牢固的信仰

解剖学与心理学有许多特征非常相似。

在解剖学中，我们可以看到某些不变的或者很少变化的特征，这些生物特征的变化时间要以地质年代来计算。在那些不变的特征之外还有一些极其易变的特征，这些易变特征甚至通过育种和嫁接就能完成，它们有时会掩盖原有特征，不仔细观察就不会注意到它们是改变而来的。

在心理学方面我们也能观察到同样的现象。一个民族，除了不可改变的特征，还存在多变的动态因素。因此，在研究一个民族的信仰和观念时，我们总能发现一个牢固的基础，在这个基础上的观念就像附着在岩石上的沙子，风一吹就散。

所以，群体的观念和信仰可以分为截然不同的两个方面。一方面，我们拥有永恒而伟大的信仰，它可以持续好几个世纪，整个文明都以它为基石；比如过去的封建主义、天主教和新教，今天的民族主义和新民主社会。另一方面，我们拥有的一些暂时的、不断变化的理论在每一个时代都会重新出现并消失；比如文学和艺术理论，包括浪漫主义、自然主义和神秘主义等。这些不断变换的理论是表面的、多变的，就像流行的时尚，我们可以把它们比作深水表层不断掀起的涟漪。

真正伟大而普遍的信仰非常少。信仰的沉浮将民族的历史推向峰巅，也正是民族兴衰的全过程构成了文明的骨架。

让群体接受某种流行观念并不难，但要让某种持久的信念植根群体的灵魂很难。但信念一旦在人们心中扎根，要根除它同样很难，通常只有暴力革命才能实现。甚至，即使革命，也只有信仰在人们思想中几近消失殆尽时才能有效。此时，革命就是对已经摇摇欲坠却因习惯的力量仍然存在的东西进行彻底扫除。革命的开始，正是古代信仰即将结束之时。

一种伟大的信仰被摧毁的确切时间很容易界定，那就是它的价值开始受到质疑的时候。每一种普遍信仰都只是一种虚构，只有在不被质疑时才能存在。

但是，即使信仰的根基已被全面动摇，因信仰而形成的制度的力量仍会保留，这种信仰也要很久才会一点一点地消耗殆尽。直到最后，当信仰的力量完全消失，因信仰而形成的一切制度才会全面瓦解。任何一个民族想要改变自己的信仰，都必须同时改变其文明的成分。直到它偶然发现并接受了一种新的共同信仰；在这个转折点出现之前，国家可能会一直处于无政治状态。共同信仰是文明不可或缺的基石，它决定思想的倾向。也只有共同信仰才能激发出一个民族的信念，创造出历史责任感。

各民族都知道拥有共同信仰的价值，也会本能地意识到信仰的消失将是民族衰落的信号。就罗马人而言，对罗马的狂热崇拜是一种信仰，这种信仰使他们成了世界的霸主，在这种信仰开始消亡时，罗马灭亡的命运也就注定了。反之，对那些摧毁罗马文明的野蛮人来说，也只有在他们获得某种共同信仰之后，他们才能从野蛮的混乱中摆脱出来，获得可贵的凝聚力。

很显然，各民族在捍卫自己的信仰时，总表现得很不宽容，这并非没有原因。这种对异己的排斥，对哲学批判的零容忍，反而是民族生命中最必要的品质。中世纪的人们正是为了建立和捍卫共同信仰，才把那么多人送上火刑架，还有更多的发现者和创造者虽然没有因此殉难，最终也只能死

前往髑髅地

老彼得·勃鲁盖尔的名画《前往髑髅地》意在借耶稣受难及其发生的时代背景，影射当时西班牙人对尼德兰人民的残暴统治，该名画现珍藏于奥地利的维也纳艺术史博物馆。

于绝望。也正是为了捍卫信仰，世界经常陷入严重的混乱，过去已有无数人为此战死沙场，现在仍有很多人为此前赴后继。

要建立一种共同信仰非常困难，但共同信仰一旦建立，它就拥有无法征服的力量。无论这种信仰在逻辑上多么荒谬，最智慧的人也难以抵挡它的影响。1500年来，欧洲人不是一直把那个传说奉为无可辩驳的真理吗？仔细研究，我们就会发现，这个传说其实与摩洛克的传说一样野蛮。[1] 这个传说说：一个唯一的神创造了人，人却没有服从他，为了报复，他对他自己的儿子施加了可怕的折磨。这个传说是多么可怕而荒诞啊，一千多年来却无人觉察。就连伽利略、牛顿和莱布尼茨这样的天才，也从未对这些教条的真理性有过质疑。共同信仰的催眠效果以这一传说最典型，但同时也充分表明了人类智慧的可怜和局限。

一种新的信仰一旦深入人心，就会成为灵感的源泉，从而演化出它的制度、它的艺术和它的生活方式。至此，它对人的精神的影响会变得更加绝对。行动者除了实现这一公认的信仰，再无他念；立法者除了用它指导立法，也再无他念；哲学家、艺术家和作家也只专注于以不同的形式去表达它。

1 我的意思是，从哲学的角度，它的逻辑很野蛮。但在实践中，它却创造了一个全新的文明，1500年以来，它让人类看到了那迷人的梦幻之国，看见了那神奇的希望。——原注
摩洛克，即异教的火神，信徒常常将孩童烧死献祭；在基督教新教中，上帝将自己的儿子耶稣基督作为祭品为世人赎罪，他既是献祭者，又是接受祭祀的神。——译注

基本信仰可能会派生出短暂的附属观念，但这些附属观念总是带着信仰的印记。无论是埃及文明、中世纪的欧洲文明，还是阿拉伯地区的穆斯林文明，都是宗教信仰的产物，这些信仰在这些文明最不重要的方面也留下了很深的印记，人们一眼就能辨认出来。

因此，共同信仰会让每个时代的人都困在传统、观念和习俗的大网中，他们无法摆脱这种束缚，所以他们彼此相像。他们的行为，首先由他们的信仰和因之产生的习俗指引。这些信仰和习俗规范着生活中最微小的行为，最独立的灵魂也无法逃脱这些约束。对人的潜意识的控制是真正的暴政，因为人无法反抗。提比略[1]、成吉思汗和拿破仑无疑都是令人敬畏的暴君，但在坟墓深处的摩西、佛陀、耶稣和穆罕默德对人的灵魂统治则更深远。一次政变可以推翻一个暴君，但它对抗牢固的信仰又会有怎样的后果呢？在新教与罗马天主教的激烈斗争中，最终消逝的是法国大革命，虽然整

1 提比略（前42—37年），全名提比略·恺撒·奥古斯都，罗马帝国第二位皇帝。他个性深沉严苛，暴虐，而且好色。——译注

个欧洲的大众都同情法国大革命，虽然法国大革命也使用了宗教法庭一样残酷的手段。对那些难以忘记的死者的纪念以及因此形成的幻想，才是我们所知的唯一真正的暴政。

共同信仰常常有其逻辑上的荒诞，但这种荒诞不会成为它传播的障碍。是的，如果共同信仰没有一点神秘的荒诞性，也就不可能成功。所以，当今的社会主义信仰虽然也有明显的弱点，但这不妨碍它赢得民众。它之所以比其他宗教信仰更被动，是因为其他宗教都把幸福理想寄托于来世，也就无人能在现世提出异议；但社会主义的幸福理想要在现世实现，所以当他们为实现这一理想做出第一次努力时，其承诺的空洞性就会立即浮现，这一新宗教也会失去威信。因此，这一新宗教的力量会在它取得政权并开始落实时立即停止生长。正因为如此，像以前的所有宗教一样，这一新宗教虽然以破坏性的影响力开始，但它未来也难以发挥创造性作用。

2. 多变的群体观念

在牢固信仰的基础之上还会派生出许多不断涌现和消

亡的思想和观念。有的思想和观念只流行一时，即使是比较重要的最多也只能影响一二代人。我们已经注意到，这些观念总会受民族因素的影响，其差异只是表面的，不是本质上的。比如，在研究法国的政治制度时我们就发现，从表面来看，所有不同的党派，比如保皇党、激进派、帝国主义者和社会主义者等等，竟然拥有完全一致的理想[1]，这一理想完全由法国民族精神所决定，因为在其他国家同样名称的党派其理想却完全相反。观念和名称都无法改变事物的本质。法国大革命中的人通晓拉丁文学，其眼睛却盯着罗马共和国，他们借用罗马共和国的法律、权杖和官袍，却无法变成罗马人，这是因为他们仍处于自己强大帝国的历史暗示之下。哲学家的任务就是研究古老信仰的表面变化，并在这不断变化的观念中找出由共同信仰和民族性格决定的那些部分。

如果不做这种哲学探究，就会误认为大众总是在随意改变自己的政治信念或宗教信仰。一切历史，无论是政治的、宗教的、艺术的，还是文学的，似乎都证明了大众观点的任

1 这个一致的理想就是共和政治。——译注

性和易变性。

以法国历史上一个很短的时期，即以1790年到1820年那代人三十年的历史为例。在这一时期，人民最初拥护君主制，然后变得很有革命性，随后又变成了帝国主义者，最后又变回到拥护帝制。同一时期，在宗教方面，天主教徒变成了无神论者，然后又变成了自然神论者，最后又变回最坚定的天主教徒。这种变化不仅仅发生在民众中，也发生在他们的领袖身上。我们还吃惊地看到，国民公会中那些声名显赫的人物，那些国王的死敌，那些既不要神也不要主人的人，竟然变成了拿破仑的顺民，再后来在路易十八的统治下，在宗教游行的队列中他们仍然虔诚地手持蜡烛。

在接下来的70年里，民众的观念也在反复变化。本世纪初，“背信弃义的英国人”成了拿破仑后人统治下的法国盟友。两次被法国入侵的俄国曾对法国的内乱幸灾乐祸，现在也成了法国的朋友。

在文学、艺术和哲学领域，观念的演变更迅速，浪漫主义、自然主义、神秘主义等逐一涌现又消失。昨天还被大众推崇的艺术家和作家，明天就被大众极端蔑视。

但当我们分析所有这些貌似有深远影响的转变时，我们会发现什么呢？一切与民族的共同信仰和情感相悖的东西，都是短暂的，被分流出去的水很快又会回归主流。那些与民族的共同信仰或情感无关的观念没有稳定性，都只听从命运的摆布。这些观念由暗示和传染而来，所以总是易变的，它们迅速出现，又迅速消失，就像风在海岸吹出的沙丘。

如今，为什么民众的观念比过去任何时候都善变？原因有三。

其一，由于旧的信仰正在失去强大的影响力，不能再像过去那样主宰流行观念。共同信仰的衰落为观念的随意出现扫除了障碍。

其二，民众思想的力量在增加。思想的广泛传播使民众思想的力量越来越不受制衡，我们已经说过的群体思想极不稳定的特性也因此不受约束地表现了出来。

其三，报业的快速发展。通过它的版面，记者不断把各种不同的观点带给大众，每种观点的信息又都会很快被对立的观点消除。结果是，没有任何一种观点可以成功地深入传播，所有观点存在的时间都很短暂，它们还没有在大众中形成共识就消失了。

这三种原因为世界历史带来了一个很新奇的现象，也是当今时代最具特点的现象，我指的是：政府再也无力主导大众的思想。

就在不久前，政府的行为加上几个作家、几份报纸的影响就能形成所谓的“民意”。但是今天，作家已失去了影响力，报纸也只能反映舆情，至于政治家，他们现在所努力的已不再是主导民意，而是顺应民意。他们害怕舆论，有时甚至相当恐惧，这导致了他们行为的反复无常。

于是，民意越来越多地成了施政的最高指导原则。今天，民意甚至可以迫使国与国之间结盟，就像最近的法俄联盟就是群众运动的结果。当今时代的奇怪之处在于，教皇、国王们都乐意接受采访，为的是把自己对某一特定问题的观点交由大众评判。以前说政治无情可能是正确的，但是今天，当政治越来越多地被冲动、多变的大众左右时，我们还能这么说吗？

曾经引导舆论的新闻界在今天就跟政府一样，也只能拜倒在群众的力量面前。媒体无疑还有一定的影响力，但也只有在它反映群众的意见，甚至是反映他们不断变化的意见时才有一定的影响力。现在，媒体仅仅是提供信息的平台，它已经不再推广思想和信念。在失去读者的痛苦中，竞争迫使他们不得不去追随不断变化的大众思想。过去那些稳健而有影响力的报纸，比如被上代人视作“神谕”的《宪法报》《论坛报》《世纪报》等，现在都变成了典型的现代报纸，大多数新闻都夹杂在幽默文章、社会八卦和金融谣言之中。

今天的报纸内容都很丰富，它的撰稿人都能自由表达自己的思想，但这些思想对于那些只求获得新闻或趣闻的读者来说显然无足轻重，因为读者怀疑他们的任何主张都是别有用心的。甚至整个评论界再也无法保证一本书或一部剧的成功，他们能帮上的只可能是倒忙。报界都非常清楚，任何以个人意见写成的评述都没有用，因此他们开始限制文学评论的篇幅，把字数控制在书名加两三行“宣传语”的范围内[1]。20年内，戏剧评论也将难逃脱这样的命运。

今天，密切关注舆情已成为媒体和政府的重要工作。他们需要密切关注一个事件、一项提案、一场演说所产生的社会效应，但这一工作要做好也很难，因为舆情太多变，民众昨天还在赞美某样东西，今天很可能已转而咒骂这样东西。

1　这里指的是法国报纸。——原注

舆论也不再有导向性观点，再加上共同信仰的缺失，结果就是各种极端对立的言论层出不穷，而且群众对与自己的利益没有直接关系的事情也越来越无动于衷了。诸如各种主义，包括社会主义信条，也只有在文化水平较低的阶层，比如矿工和工厂工人中招募鼓吹者和追随者。而下层中产阶级和受到过一定教育的工人对此要么全然怀疑，要么极不坚定。

在过去的25年里，一直朝上述方向发展的结果也十分惊人。25年前，舆论在民众观念中还能找到某些普通倾向，因为那时民众尚能接受某些基本信念。只要知道一个人是保王党人，就可以确定他对历史和科学必定具有清晰可辨的观点；只要知道他是共和党人，也可以确定他的观点与保王党人的观点肯定相反。

保王党人非常确定人不是猴子变的，而共和党人却十分确定人就是猴子变的。保王党人在谈论法国大革命时会面带恐惧，共和党人在谈论法国大革命时则满怀敬意。在提到罗伯斯庇尔和马拉的名字时，共和党人的语气中必定带着虔诚；而在提到恺撒、奥古斯都和拿破仑时，共和党人的话语中必定夹杂着谩骂。甚至在巴黎大学，这种幼稚的历史观也很盛行。[1]

今天，因为允许分析和辩论，所以一切观念都很难获得威望，它们的鲜明特征也转眼即逝，更令人惋惜的是，即使幸存下来的观念也很难激起我们的热情。当代人正在被冷漠猎食。

大众越来越没有思想，这无疑是民族垂危的征兆。那些拥有超凡洞察力的人，比如使徒和群体领袖，即那些拥有真正坚强信仰的人，肯定比持否定、批评观点和冷漠的大众发挥的作用更大，但我们绝对不能忘记群体在目前所拥有的力量。如果某个观点能被大众普遍接受，并获得足够的威望，那它很快就会获得一种专制力量，一切都会向它屈服，自由

1 从这个观点看，法国官方历史书中有几段话非常有趣，它们也证明了在法国通行的大学教育体系中多么缺乏批判精神。下面，我摘录巴黎大学历史学教授拉姆伯特的《法国大革命》一书中的句子为例：

“攻战巴士底狱不仅是法国历史上的一次很有名的事件，也是欧洲历史上的一次有名事件。它开创了世界历史的新纪元，至于罗伯斯庇尔的独裁统治，我们则惊奇地发现它更多是建立在舆论、说教和道德权威的基础之上，是一个有道德的人的专政。”——原注

思辨的时代也将因此被长期关闭。

民众有时是个逆来顺受的大师，就像黑利阿迦巴鲁斯[1]和提比略一样，但有时民众也非常任性。一种文明，一旦被民众支配，就会受到太多偶然性摆布，那这种文明离消亡也就不远了。如果说还有什么能略微延缓它的消亡，那就是群体信念的极端不稳定性和易变性，以及群体对任何共同信仰的日趋麻木。

1 黑利阿迦巴鲁斯，最残忍放荡的罗马皇帝。他曾让人将巨量的玫瑰花瓣从宴会大厅敞开的天棚如瀑布般泻下，瞬间淹没毫不知情的客人。——译注

第三卷　群体的分类以及对它们的描述

第一章　群体的分类

1. 异质群体

不同类型的异质群体 / 民族性的影响 / 群体精神相对较弱，民族精神相对较强 / 民族精神代表文明状态，群体精神代表野蛮状态

2. 同质群体

不同类型的同质群体 / 以信念划分的党派，以社会功能划分的社会层级，以及以经济地位划分的阶级

前面我们勾勒了群体心理的共同特征，接下来我们要阐述的是，人们在相应的刺激因素作用下转变为各种群体后伴随共同特征而来的一些特殊特征。

首先，我们阐述群体的分类。

我们从简单群体开始。由不同民族的个体组成的群体是最低形式的群体。这种群体凝聚在一起靠的是首领的意志。几百年间不断进犯罗马帝国的各族联军就是这类成分复杂的群体。

比这些由不同民族的个体组成的群体层次更高级的，是在某些因素的影响下，由同一民族的个体组成的有共同特征的群体。他们有时表现出的群体特征不同程度地受到民族因素的影响。

这两种类型的群体在前面所述影响的作用下都可以转变成组织化群体。我们可以把组织化群体进一步细分为以下几种类型：

1.异质群体

①匿名群体（街头聚集的人群）

②实名群体（陪审团、议会等）

2.同质群体

①党派（政治派别、宗教派别等）

②阶层（军队、僧侣、工人等）

③阶级（中产阶级、农民阶级等）

下面，我们将简要阐明这些不同类型群体的显著特征。

1.异质群体

在本书中，我们已经研究过这种群体的特征。他们由各种不同身份、不同职业、不同智力水平的个体组成。

我们已经知道，仅仅因为是群体中的一员，人们在群体中的心理与他们作为个体时的心理就有本质的区别，他们的智力水平也会受到很大的影响。我们已经看到，智力在群体中没有丝毫作用，群体只受无意识情感支配。

根据民族性这个基本因素，我们可以对异质群体进行大致划分。

我们一再提到民族性的作用，并且已经指明，民族性是决定群体行为最强力的因素。在群体的性格中也能看到民族性的影响。当一群人随机聚集在一起，其中的个体全都是英国人或中国人时，这群人就与由其他国家的人所组成的异质群体大不相同，比如由俄国人、法国人或者西班牙人组成的群体。

当不同民族的人以大致相当的比例聚集在一起时（这种情况很少发生），不管导致这种聚集的共同利益表面上是多么一致，由于他们所继承的民族心理结构不同，其情感和思维方式也大不相同。社会主义者努力把不同国家的工人阶级的代表召集到同一个大会上，但最终总是以纷争收场。拉丁人群体不管是革命的还是保守的，他们都会寻求国家干预来实现自己的诉求。拉丁人群体一直具有一种明显的集权倾向以及或明或暗的支持独裁的倾向。相反，英国人或美国人群体却不倚重于国家，而是只注重个人努力。法国人群体特别看重平等，英国人群体则看重自由。因为民族性不同，所以有多少国家就有多少种社会主义形式和民主形式。

民族性对群体性格的影响极其重要。民族性是一种强大的内在力量，它限制群体性格的变化。所以，我们可以把这视作一条基本法则，即民族性越是强大，群体的劣质特征就越不明显。群体自治状态的国家，或者说由群体控制的国家，一定是野蛮国家，或者说是趋向于野蛮状态的国家。正是因为获得了结构稳固的集体精神，获得了反思的力量，并形成一个民族，群体才得以从野蛮状态中解放出来。

在民族因素之外，异质群体还可以划分为匿名群体和实名群体。匿名群体包括街头聚集的人群，实名群体包括议会和陪审团。匿名群体没有责任感，实名群体很有责任感，这也让两类群体的行为倾向各不相同。

2. 同质群体

同质群体包括：党派，阶层，阶级。

党派的建立是同质群体组织化过程的第一步。党派中的成员所受的教育程度、职业和所属的社会阶层等都大不相同，他们由共同的信仰凝聚在一起。宗教派别和政党最为典型。

阶层是组织化程度最高的群体形式，这类群体最易受到传染。党派成员的职业、教育程度和社会环境非常不同，他们由共同的信仰凝聚；阶层则由同一职业的人组成，所以其成员所受教育的程度和社会地位也大致相似。军人阶层和僧侣阶层最为典型。

阶级由成分很复杂的个体组成，他们之间的聚集，不像党派有共同的信仰，他们没有相同的职业，不是同一个教派的成员，他们是因为生活习惯、经济收入和所受教育程度非常相近才归为一类。中产阶级和农民阶级最为典型。

由于本书只关注异质群体，对同质群体（党派、阶层和阶级）的研究将放在另一本书中，所以在这里我就不再专门阐述。我将通过对几种典型群体的考察来结束对异质群体的研究。

第二章　所谓犯罪群体

群体行为在法律上可能是有罪的，但在心理上不是 / 群体行为的绝对无意识及各种例子 / “九月大屠杀”参与者的心理 / 他们的逻辑，他们的情感，他们的残暴和他们的高尚实际上，群体兴奋后会进入一种完全自动的无意识状态，他们在这种状态下被暗示引导，所以似乎很难用“犯罪”来定性。我之所以沿用“犯罪群体”这样的错误“界定”，是因为心理学最近的研究让这个称谓变得时髦。群体的某些行为无疑是在犯罪，只是在当时的情况下，其犯罪行为很像大老虎让小老虎把一个印度人咬着玩，然后小老虎自个儿把人吃掉了一样，因为大老虎也会让小老虎玩互咬游戏，只是结果变了罢了。

群体犯罪的一般原因与普通犯罪的情况差别很大。群体犯罪的动机通常来自一个强有力的暗示，参与者犯罪后会坚信自己是在完成某种使命。

群体犯罪的历史可以证明这一观点。

巴士底狱监狱长洛奈致死案就是一个典型的例子。攻破防守后，人群兴奋地将监狱长团团围住，从四面八方对他拳打脚踢。有人呼叫把他绞死，有人呼叫砍下他的头，有人呼叫把他绑在马尾巴上拖死。挣扎中，他的脚踢到了周围的一个人，便有人提出，要被踢的人割断他的喉咙。人群都为之欢呼。

巴士底狱被攻占

1789年7月4日，法国的起义群众攻占巴士底狱。

这个人是厨师，下班后因为无聊，便到巴士底狱去看热闹。在他看来，既然大家都这么呼叫，那么割断监狱长喉咙的行为就应当是爱国行为，他甚至觉得，他应当因为杀死了一个怪物而得到一枚勋章。有人递给他一把短剑，他举剑砍向监狱长裸露的脖子，但剑有点钝，无法使上劲，见此，又有人从口袋里拿出一把黑色手柄的菜刀，让他成功地割断了监狱长的喉咙。作为厨师，他有割肉的经验。

在这个事例中，我们可以清楚地看到上文所述机制的运行过程。我们服从暗示，是因为暗示来自集体，它强大得让人难以抵挡；又因为杀人者相信自己是在做一件有意义的事，当然应该受到表彰。因为他的行为得到周围人的一致赞同，他就因此觉得更加理所当然。这种行为在法律上可能被认为是犯罪，在心理上却不是。

犯罪群体的普遍特征在所有群体中都能看到：易受暗示、轻信、多变、情绪夸张、乐于有某种形式的道德表现，等等。

在法国历史上，群体曾留下过最凶残的印记，那就是“九月大屠杀”，这个事件也向我们展示了犯罪群体的所有特征。事实上，这个事件中的群体与实施圣巴托罗缪大屠杀的群体很相似。我从当时的资料中摘录了丹纳先生叙述的一些细节。

到今天我们仍不清楚，是谁下令或提议通过屠杀囚犯来清空监狱的，也许是丹东，也许是别人，但这并不重要；我们关注的是群体所受的暗示的强烈程度。

这个杀人的犯罪群体大约有三百人，是一个典型的异质群体。除了少数职业流氓外，群体成员基本由各行业的店主和工匠组成，包括靴匠、锁匠、剃头匠、泥瓦匠、售货员和邮差等。他们像上文提到的厨师一样，受到暗示，完全相信自己是在爱国，是在履行义务。那时，他们身兼两职，既审判又行刑，丝毫没感觉到自己是在犯罪。

他们深感自己责任重大，于是首先组建了一个法庭，在这一行为中，我们可以看到群体的幼稚和他们原始的正义感。考虑到被告众多，法庭决定先将贵族、牧师、官员和皇室成员，也就是爱国者眼中仅凭职业就可以认定的罪人一并处死，其余的人将根据他们的外貌和声誉来判决。这样的方式让群体幼稚的良心得到了满足。现在，群体可以合法地屠杀了，残忍的本能可以尽情发挥了，可以发挥到极致了。我在其他地方阐述过这种残忍本能的产生原因，也因此知道，群体的这种本能并不妨碍它表现出其他相反的情感，比如与极端残忍相对应的极端的温情。

“他们对巴黎工人有着广泛的同情和深刻的理解。在亚培监狱，当群体中的一员得知囚犯已经24小时没有喝水，就起意要处死狱卒，要不是囚犯们都向他求情，他真会这样做。当一个囚犯被（临时组建的法庭）宣判无罪时，包括卫兵和刽子手在内的每一个人都欣喜若狂地拥抱他，还疯狂地鼓掌。”随后，大规模的屠杀再度开始。整个屠杀过程都充满着欢悦的情绪，人们围着尸体唱歌跳舞，还为“女士”安排了长椅，以便她们快乐地观看对贵族（囚犯）的行刑。而且整个过程还弥漫着一种奇妙的正义感。

亚培监狱的一个刽子手抱怨说，坐得远的女士看不清楚，而且刽子手中只有很少几个人乐于击打贵族。法庭认为他反映的问题是客观的，于是决定让受刑者从两排刽子手之间缓慢地走过，使两排刽子手都能用刀背去击打受刑者，以延长其受苦的时间。在拉福斯监狱，受刑者们则被剥得一丝不挂，然后被“雕刻”半个小时，当所有人都看够了，才一刀捅开他们的肚子，让内脏流出。

刽子手也有自己的原则，正如我上面已经指出过的那样，他们也会有群体中存在的那种道德感。他们拒绝掠夺受刑者身上的金钱和珠宝，而是把它们全部交给了委员会。

这种最幼稚的逻辑模式在所有的群体行为中都能见到。因此，在屠杀了1200~1500个国家敌人之后，又有人提议，也应当处死其他监狱中关押的所有犯人，包括年老的乞丐、流浪汉和未成年犯人。这样的建议也立刻被采纳，因为那些犯人中肯定也有人民的敌人。比如一个叫德拉鲁的女人，她是一个投毒者的遗孀："监禁肯定让她很生气，如果可能她会放火烧了整个巴黎。她肯定这么说过，她肯定说过。杀她杀得好。"这种逻辑看来很令人信服，所以囚犯无一例外地遭到屠杀，包括50个12~17岁的未成年人，他们当然也可能会变成国家的敌人，所以他们也应该被除掉。

一周的工作结束了，工作告一段落，刽子手们可以考虑休息一下了。他们坚信自己应该得到国家的奖赏，于是他们向当局提出了请求。其中最积极的人甚至要求得到一枚勋章。

1871年巴黎公社时期也发生了几件类似的事件。如果群体的影响力继续增长，当政者对此又不断屈服，那么将来，我们注定会看到更多此类事件的发生。

第三章　刑事陪审团

刑事陪审团的普遍特征 / 数据表明，陪审团的裁定与它的组成人员无关 / 影响陪审团的方式 / 抗辩的风格和影响 / 著名律师的说服方式 / 陪审团对哪些性质的罪犯比较宽容，对哪些性质的罪犯更为严厉；两种罪行的性质 / 陪审制度的作用，法官取代陪审团会带来的危险在这里，我无法研究每一种类型的陪审团，所以我只研究其中最重要的一种，即刑事法庭陪审团。这类陪审团是实名的异质群体的绝佳例子。我们将看到，它会表现出很容易受暗示、缺乏理性能力的特点，它容易受群体领袖的影响，尤其是受无意识情绪的引导。在这一研究过程中，我们还将看到一些有趣的例子，会发现那些不了解群体心理特征的人可能会犯的错误。

陪审团的例子首先为我们证明了，对裁定结果，群体中个体的智力水平毫不重要。我们已经知道，当要求议会审议一个技术性并不强的问题时，智力毫无用处。就像一群科学家或艺术家聚在一起，仅仅因为他们是一种群集，他们对一般性问题做出的判断与一群泥瓦匠或杂货店老板做出的判断相比也没有多大差别。很多时候，特别是在1848年以前，法国司法部对陪审团成员的挑选非常谨慎，规定只从知识分子阶层，包括教授、公务员和作家中挑选陪审员。现在的陪审员全都来自小商人、小老板和他们的雇员。但是，令专家大为惊讶的是，无论陪审团由什么阶层的人员组成，其裁决结果都是一样的，即使敌视陪审团制度的法官也不得不承认这一结论。刑事法庭前庭长贝拉德·德斯·格拉热先生在他的回忆录中谈到他对这个问题的看法：

> 今天，陪审员的选择实际上掌握在市议会手里，他们往往根据自己的政治和选举需要，将人们列入或移出名单……他们选出的大都是商人，还有政府部门的雇员，身份的重要性已大不如前……很多陪审团成员都是徒有热情的门外汉，坐在庭上的法官和那些最热心公义的人士一样，其身份和专业知识都不再有用。陪审团的精神从未改变，他们的裁决一直那样，既没有变好，也没有变得更糟。

对上述内容，我们只需要记住它正确的结论，而不是它无奈的论述。对这种无奈，我们大可不必感到惊讶，因为律师和法官大都对群体心理学一无所知，所以对陪审团也一无所知。在上面的事例中，我还找到了证明这一观点的证据。格拉热先生说，拉肖先生是刑事法庭最杰出的律师之一，他充分地利用自己的权力进行抗辩，指出了陪审团整体的不理性。但是我们仅仅依靠经验就很容易认识到，这样的质疑根本无用。事实是，在今天，公诉人和律师，甚至整个巴黎律师界，都已经完全放弃了对陪审团的质疑权；正如格拉热先生所说的那样，“裁决一直那样，既没有变好，也没有变得更糟”。

与所有群体一样，陪审团受情绪的影响很大，受法庭辩论的影响很小。一个出庭律师写道：“他们无法忍受孤儿或哺乳期母亲受审的场景。”格拉热先生说：“一个女人只要有好看的外表，就足以赢得陪审团的好感。”

陪审团成员对自己可能成为受害者的犯罪行为绝不怜悯——而且，这种罪行对社会的危害也最大——相反，陪审团对激情犯罪则相对宽容。他们对杀害婴儿的未婚母亲，或者向始乱终弃的男人泼硫酸的少女，也很难做出严厉的裁定，因为他们本能地认为这样的犯罪行为对社会危害轻微[1]；当

1 顺便说一下，陪审团本能地把犯罪分为有社会危害和无社会危害两类，这样做并非不公正。刑法的目的显然是保护社会不受危险犯罪的侵害，而不是对危险犯罪进行惩罚。另一方面，法官原则，尤其是在法官的头脑中的原则，仍然浸透着古老原始法的复仇精神，“复仇”（源自拉丁语的“Vindicta”，有“起诉”的意思）一词仍在日常中使用。法官有这种倾向的证据是，他们中的许多人拒绝使用贝伦格法，该法律允许被判刑的人不必服刑，除非他是（转下页）

陪审团在法庭

陪审团，全称为公民陪审团。1670年，贵格会会员威廉·佩恩和威廉·米德因在格雷斯丘奇大街上向非法集会的民众布道而遭受审判。图为爱德华·布谢尔等十二名陪审员拒绝对佩恩和米德做出有罪裁决的场景。

一个国家的法律不保护被遗弃的少女时，她为报仇而犯罪，这不仅无害，反而有益，因为这可震慑潜在的诱奸者。

陪审团和所有群体一样，也深受威望的影响。格拉热庭

（接上页）再次犯罪。但是，没有法官否认对初犯进行刑罚后必然会导致受罚者进一步犯罪，因为统计数据已经证明了这一点。法官认为缓释被判刑的人，罪犯就没有得到应有的惩罚。他们宁愿为社会制造一个危险的反复犯罪者，也不愿意宽恕罪犯。——原注

长说得很客观，虽然陪审团的组成很民主，但他们的喜好却很贵族："地位、出身、财富、名望和是否雇请著名律师，一切出众的或者能为被告带来光彩的东西，对被告都极为有利。"

好律师的首要任务是调动陪审团的情绪，像应对所有的群体一样，要少说理，或者只使用最简单的推理。一位在法庭上一直成功的大律师，曾经很好地阐述过律师应该在法庭遵循的准则：

在进行辩护时，要密切关注陪审团，这样才能找到最有利的机会。律师要凭借自己丰富的经验和敏锐的洞察力，从陪审员的脸上读出自己每句话的效果，并做出结论。第一步是确定陪审团中哪些成员已经在支持自己的主张，然后，把注意力转向那些对被告怀有敌意的成员，并努力找出他们怀有敌意的原因。这是律师工作中最微妙的地方，因为在正义感之外，认为被告有罪的理由还有很多。

这寥寥数言，道出了庭辩艺术的全部技巧。我们已知道，为什么事先准备好演讲稿的演讲效果很差，因为我们在演讲时，更需要根据听众的反应随时调整措辞。

律师不需要使陪审团的所有成员都支持自己的主张，而是要争取他们中灵魂人物的支持，因为他将影响大家的意见。就像在其他所有群体中一样，陪审团里也有少数人是其他成员的引导者。前面那位英国律师还说：“根据我的经验，其中一两个威望高的人一定是带动陪审团其他成员的人。”因此，很有必要以巧妙的暗示征服那一两个人。首先，也是最重要的，就是要取悦他们。已被取悦的人很容易被说服，你说什么他都愿意接受。在对拉肖先生有趣的描述中，我找出了下面这段轶事：

众所周知，拉肖在每次法庭辩论时总会特别注意两三个他认为有影响力却又固执的陪审员。通常，他总能成功地争取到这些顽固的陪审员的支持。但是有一次在外省，为争取一个陪审员，他用了三刻钟巧妙地进行推论，却没有一点效果。这个人是第七陪审员，坐在第二排的第一个座位上。当时，案子的进展很令人绝望。但突然，拉肖在一段充满激情的辩护中停了下来，对法官说：“您是否可以让人将前面的窗帘合上？”那时，强烈的阳光正直射第七陪审员的两眼。听他一说，那个陪审员脸红了，朝他笑了笑，以示感谢。最终，拉肖赢得了那场辩护。

许多作家，包括一些最杰出的作家，最近发起了一场反对陪审团制度的运动，但面对这样一个实际上常犯错误但又没有制衡的阶层，陪审团制度仍然是保护我们权利的唯一有用的制度。[1] 其中有作家主张，陪审团成员应该完全从文化阶层中挑选；但是，前面我们已经证明，即便这样，陪审团的

1 实际上，法官是唯一的行动不受管制的行政官员。民主的法国尽管经历了种种革命，却没有拥有一部像令英国人引以为傲的《人身保护法》那样的法律。我们驱逐了所有暴君，却在每个城市任命了一个法官，让他可以任意处置公民的名誉和自由。一个微不足道的预审法官（在英国没有准确对应的这种预审法官），刚大学毕业就拥有令人作呕的权力，只要他认为他们有罪，他就可以把地位很尊贵的人送进监狱，而不必向任何人说明理由。他可以以调查为由，把这些人关押六个月，甚至一年，然后释放他们，不用赔偿或道歉。在法国，“传票”如同“敕令”，区别只在于后者只有身居要职的人才能申领，虽然它使君主制受到了谴责。传票则是掌握在某个阶层成员手里的工具，而这个阶层却并不开明，也不独立。——原注

裁决与现行制度下产生的裁决并没有多大不同。另一部分作家以陪审团所犯的错误为依据，主张取消陪审团，而以法官代之。

很难理解这些想成为改革者的人怎么会忘记，他们归结于陪审团的错误其实是司法人员在初审时犯下的。当被告人被带到陪审团面前时，他已经被警官、预审检察官、公诉人、预审法官认定有罪了。显然，如果被告的罪行由法官，而不是陪审团裁定，那他就失去了唯一证明自己无罪的机会。陪审团的错误首先是司法人员的错误，所以出现严重错判的责任一定在法官。比如最近对L医生的有罪判定就是这样。

一个半疯半癫的女孩指控L医生为了30法郎给她做了非法手术，结果检察官以极度愚蠢的罪名起诉了这位医生。如果不是激起了公愤，迫使最高法院下令将其释放，他会被送去接受刑罚。本市几乎所有的人都认可这位医生品格高尚，这才使指控他有罪的错误不证自明。法官们虽然也承认了这一点，但是出于对自己所在阶层的考虑，他们仍竭力阻止释放令的签署。

在所有类似的案件中，面对自己不懂的专业细节，陪审团当然只能听取检察官的意见。他们认为，毕竟是受过专业训练的法官调查案子，法官自然有能力搞清楚那些最复杂的问题。那么，到底是谁错了，是法官，还是陪审团呢？

我们应当大力支持陪审团制度。或许，正是这一制度造就了不被个人取代的群体，只有它能缓解法律的僵硬。因为法律对所有人都是平等的，所以从原则上讲，法官必须无视任何特殊的个案，他只针对事而不针对人。法官是严肃的，除了律条，他不应该让其他因素影响他的判断。他对那些杀人越货的盗贼，对那些被诱奸、被遗弃、被迫杀害婴儿的可怜少女，都应以同样的律条处以极刑。但陪审团不一样，陪审团会本能地认为，被诱奸的少女其罪恶比诱奸者要轻很多，法律既然没有惩罚后者，那么她们就应当得到宽恕。

在充分了解了各社会阶层的心理以及其他类型群体的心理之后，如果是我，当我被错误地指控有罪时，我宁愿求助于陪审团，也不愿意求助于法官。因为在前者那里我有申辩的机会，能让他们认识到我的清白，但在后者那里则不可能。群体的力量是可怕的，但某些职权的力量更可怕。群体愿意改变信念，阶层则绝对不愿意。

第四章　选民群体

选民群体的普遍特征 / 说服选民群体的方式 / 候选人应有的品质 / 威望的必要性 / 工人和农民为什么很少选举他们自己阶级中的人 / 词语和套话对选举人的影响 / 竞选演说的大致方向 / 选民的意见是如何形成的 / 政党委员会的权力 / 它代表了专制的最高形式 / 法国大革命的委员会 / 普选权从心理学角度看意义不大，却无法被取代 / 为什么即使把投票权限制在一定的阶层，选举结果也相同 / 普选权在所有国家的表现方式选民群体，就是有权选举他人担任某一职位的群体。选民群体属于异质群体，但由于它仅针对一件明确的事，即在不同的候选人中进行选择，因此它只表现出前面所述特征的一部分。在群体的特征中，选民群体明显只表现出缺乏理性和判断力，而且易怒、轻信和天真。此外，从他们的决定中，我们还可以明显看到群体领袖的影响，以及我们前面所列举的因素，即断言、重复、威望和传染所起的作用。

让我们来研究一下说服选民的方法。从最有效的方法中，我们不难推断出选民的心理。

一方面，候选人首先要有声望。如果个人声望不够，用财富也可以补足。才气，甚至天才都不是成功的要素。

另一重要的方面是，候选人即使有威望，他也得有能力让选民由衷地接受自己。大部分选民都是工人和农民，他们很少从自己的阶级中挑选人来代表自己，因为他们阶层中的人在他们中没有声望。当他们偶然选举出同一个阶层中的人时，通常都出于一些并不重要的原因，比如，为阻止一位名人，或者为阻止他们每天都必须依从的大雇主，因为他们有时希望能获得那种凌驾于雇主之上的幻觉，哪怕这种幻觉是暂时的。

但是，有威望还不足以确保候选成功。选民很看重候选人是否能满足他们的贪婪和虚荣。候选人一定要用最夸张的语言去奉承他们，也一定要坚定地许给他们不可实现的承诺。如果他们是工人，候选人无论怎样侮辱和污蔑他们的雇主都不为过。至于与自己竞争的候选人，要摧毁掉他竞选成功的一切机会，就用断言、重复和传染等手段使他成为选民心目中不折不扣的流氓和罪犯，而且不必担心是否有证据。如果对手不懂群体心理，就会急于以实事来自证清白，而不是用断言来回击断言；这样他将丧失一切赢的机会。

候选人的书面纲领不必太具体，否则容易被对手拿来攻击自己，而口头言语再怎么夸张也不为过，且可以无畏地作出所有最重要的改革的承诺。这些夸张的承诺会产生巨大影响，但对未来没有约束力。选民从来不会事后费力去了解候选人是否兑现了当时的竞选纲领，虽然选民在选举时认为选举这个人正是为了落实这个纲领。

在上面的论述中，我们已经看到了说服的要素。下次我们还将再次看到词语加套话的魔力。一个能用好这些说服手段的演说家在群体中可以随心所欲。“万恶的资本”“卑鄙的剥削者”“可敬的劳动者”“财富平等”等短语总能产生神奇的效果。但是，如果这些短语的力量被削弱，而候选人能想到新的含义并不确切的短语，那么他便能满足人们的多元愿望，他就肯定能成功。1873年西班牙发生的血腥革命就是由一个充满魔力、含义复杂的短语引发的。对那个短语，每个人都有自己的解读。当时，一位作家描述了这个短语出现前后的情况，这里很值得引用：

激进派发现，统一共和国其实就是伪装的君主制政体。为了迎合激进派，议会一致通过成立“联邦共和国”，尽管投票者谁也说不清楚他们投票支持的究竟是什么，但这个提法让所有人振奋。人们心醉神迷，陶醉不已，就像一个高尚而幸福的王国在地球上已诞生了一样。共和主义者认为对手应该称自己为“联邦主义者”，否则就是对自己的精神侮辱。人们在街上相遇，都以“联邦共和国万岁！”互致问候，然后开始对士兵自治无需军纪约束的做法大肆赞美。

那么，人们是怎样理解“联邦共和国”的呢？有人把它理解为各省的解放，类似于美国的行政分权；有人则认为它是指废除一切权力，预示着巨大的社会变革即将开始。巴塞罗那

国民公会的露天集会

1793年4月13日，马拉在国民公会的露天集会上被拥戴他的巴黎群众抬举到空中，激情满怀的马拉正打着手势向仰望他的群众发表即兴演讲。

和安达卢西亚的社会主义者们主张公社拥有绝对权力，他们提议把西班牙划分为一万个独立的自治区，各自治区单独立法，同时取消警察和军队。在南部各省，动乱很快从一个城镇蔓延到另一个城镇，从一个村庄蔓延到另一个村庄。

一个村庄刚刚发布通告说他们的当务之急是捣毁电话线和铁路线，从而切断与马德里和周边村庄的联系。而且，最穷苦的小村庄也决意独立。“联邦制”已经让位给了州郡制，四处都有杀人、纵火的行径，发生着各种暴行。血腥的“狂欢”

遍及西班牙全境。

关于理性对选民心理影响的任何幻想都源于竞选集会报道的缺乏。在这种集会上，有的只是断言、辱骂，有时甚至是肢体冲突，却从未有过辩论。如果有片刻的安静，肯定是因为某个“难缠的听众”站出来说，他要对候选人提出很难堪的问题，以使他成为大众的笑柄。但是，反对者的满足感也很短暂，反驳的声音很快就会淹没他们的喧嚣。以下这篇从几百个事例中选出的关于扩大会议的报道就非常典型：

会议的组织方之一要求大会选出主席，这立即引发了骚乱。无政府主义者跳上讲台，迅速抢占了委员会的桌子。社会主义者则强烈对抗，双方相互扭打，都指责对方是有报酬的政府间谍……一个人离开大厅时眼睛都被打青了。

在骚乱中，委员会成员终于落座，演讲权交给了X同志。

他一开口就猛烈抨击社会主义者，社会主义者则立即以“白痴、叛徒、无赖”等还击他。但X同志的回击很简单，就是根据他曾经提出的理论，说社会主义者都是“白痴”或“小丑”。

昨天晚上是五一劳动节前夜，阿勒曼党在福伯格宫大道的商业大厅召开大会，口号是“沉着冷静”。

G同志暗指社会主义者都是“白痴”和“骗子”。

这些话引发了双方的相互谩骂，台上台下打成一团，桌子、椅子和长凳全都成了武器……

千万不要认为这里描述的只是选民会，也不要认为这种情况的出现只是由他们的社会地位决定的。其实，在所有匿名的集会中，即使与会者都受过高等教育，其情形也都如此。我曾经说过，当人们聚集在一起时，他们的智力水平都会很快变低。这样的例子随处可见，比如下面这段我从1895年2月13日的《时报》上摘录的会议报告，与会者便都是学者：

随着夜幕的降临，喧闹声越来越大；我不相信台上有哪位演讲者可以顺利说完两句话而不被打断。每时每刻都有喊叫声从四周传来。掌声和嘘声乱作一团，台下的听众也在激烈辩论，棍棒挥舞着，威吓着，更有人使劲敲击着地板。谁想登台演讲，想结束这种混乱，都会招来台下人的大声喊叫：“把他弄出去！把他弄出去！”同时，又有人高喊：“让他讲！让他讲！”

C先生大骂协会可恶、怯懦、荒谬、卑鄙、对意见不同的人打击报复，并宣称要炸了协会。

有人可能会问，在这种情况下，选民的意见最终是如何统一的呢？问这样的问题说明你对群体拥有的自由程度怀有不现实的幻想。群体从来没有理性意见，一切观点都可以强加给群体。在我们列举的事例中，选民的意见和选票都掌握在选举委员会手中，而选举委员会的精神领袖通常都是共和党人，他们掌控着信任他们的工人。“你知道选举委员会是什么吗？”当今最勇敢的民主斗士施莱尔先生这样写道：“它既是我们制度的基石，也是政治机器的杰作。今天的法国由选举委员会统治着。”[1]

1 委员会不论是什么名称，比如“俱乐部”“辛迪加”，都可能是群体力量带来的最可怕的危险。它实际代表着最非人化的，也是最具压迫性的专制形式。委员会的领导都以集体的名义发言和行动，所以可以不承担任何责任，又可以随心所欲。甚至最残忍的暴君，也不敢想象自己可以像革命委员会那样发布死刑令。巴拉斯宣称，他们要在国民大会里大开杀戒，任意裁撤议员。只要罗伯斯庇尔仍然以革命委员会的名义发言，他就拥有绝对权力。当（转下页）

要对委员会施加影响并不难，只要竞选人本身还算体面，并拥有足够的财力。给布朗热将军捐款的人都说，300万法郎就可以确保他连任。

这就是选民群体的心理，与其他群体完全一样，既不会更好，也不会更糟。

所以，从上述的事例中我无法得出反对普选的结论。如果我可以决定，我会根据在群体心理中发现的事实，建议保留普选的制度。下面，我就对这个问题进行阐述。

能靠公众投票决定一国之事项的不利之处是显而易见的，也不容忽视。毫无疑问，文明是金字塔顶一小部分智力超群者造就的。智力在人群中的分布也像金字塔一样，越往下，智力越低，人数也就越多，这就是一个国家之大众。文明之所以伟大，就是没有完全依靠人数占大多数的底层民众的投票。而且公众投票无疑非常危险，它已经让我们遭受了

（接上页）这个可怕的独裁者因为自傲而脱离委员会时，他的权力就失去了。委员会的统治就是群体的统治，也就是群体领袖的统治。无法想象还会有比这更严重的专制。——原注

多次侵略，付出了惨重代价。一次次公投正在为社会主义的胜利扫清障碍。有鉴于社会主义的节节胜利，“依靠民治”的谬论极有可能让我们付出更大代价。

上述意见在理论上固然很好，但在实践中却毫无效力。如果我们还记得思想转变成教条后攻无不克的力量，就不得不承认这一点。从哲学的角度看，“依靠民治”与中世纪的宗教教条一样，都不堪一击，但今天它却享有像中世纪宗教教条一样的绝对权力。因此，它是不能被攻击的。

想象一下，如果一位自由思想家奇迹般地被送回到中世纪，当他确定那时盛行的教义拥有绝对的统治地位后，你觉得他还会去攻击它吗？如果他落到了一个法官手里，而且即将被送上火刑架，理由是他与魔鬼立约或参加了女巫的宴会，那么，他会想到去质疑魔鬼或女巫的存在吗？与民众信仰对抗，就像与飓风对抗一样，极不明智。今天，公民投票信条有着与基督教教义一样的权威。演说家和作家对它的尊崇和赞美，即使路易十四也很难享有。所以，对待它必须采取对待宗教信条一样的立场。只有时间才能对两者产生影响。

而且，这种教条根本无法动摇，因为从表现看，它仍然令人信服。托克维尔对此曾有很好的评述：“在平等的年代，人们并不会因为彼此相似就彼此相信，但他们会因彼此相似而近乎完全信任公众的判断力。原因正在于，既然所有人都同样聪明，那么真理自然属于数量多的一方。”

那么，我们是否可以据此相信，把投票权限定在一定范围后，民众投票的结果就会有所改进呢？我不这样认为，因为我已经说过，无论群体的组成成分怎样，只要是群体，其智力水平都很低下。对一般问题，40个院士与40个挑水工的投票结果不会有什么不同。

我一点也不相信，那些受到指责的公投——比如重建帝国——如果投票人仅限于学者和受过良好教育的人，其结果会有所不同。懂得希腊语或数学，是建筑师、兽医、医生或者律师，并不意味着他们就具有应对社会问题的智慧。我们所有的政治经济学家都受过高等教育，大部分是教授或院士，但对诸如贸易保护主义、双本位制[1] 等问题，他们也同

1 双本位制指金、银两种货币按法定比价流通。在双本位制下，金、银两种铸币有国家法律规定的固定比价，而不随金、银市场比价的变动而变动，这种制度容易导致劣币驱逐良币的现象。——译注

样很难达成共识。对此合理的解释就是，他们的知识只不过是普遍无知的一种蜕变形式；关于社会问题，他们不懂的太多，所以人的普遍本质就是无知。

因此，即使投票者全部由有学识的人组成，选举结果也不会比现在好到哪儿去。他们也会受个人情感和党派精神的引导，我们现在所面临的问题也一个都不会减少，反而还会受到阶层暴政的压迫。

选举权无论是广泛的还是有限的，无论是在共和制下还是在君主制下行使，无论是在法国、比利时、希腊、葡萄牙还是在西班牙，结果都一样。所有群体表决所表达的都是一个民族潜意识的愿望和需要。在任何国家，当选者的普遍观念都代表着民族的性格，而且这种性格在每代人之间不会有明显不同。

由此我们再一次遇到了民族性这个根本问题，而且通过这个问题，我们还可以得到另一个观点，即制度和政府对一个民族的生活影响很小，起主要作用的是民族性格，也就是遗传下来的一切品质的总和。民族性格和日常生活的负累，是主宰命运的两大神秘因素。

第五章　议会

议会具有实名异质群体的大量特征 / 他们头脑简单 / 他们对暗示易感却又拒绝某些暗示 / 他们牢不可摧的牢固观点与多变的观念 / 优柔寡断的原因 / 领袖的作用 / 他们享有声望的原因 / 他们是议会的真正主人，因此，仅仅是少数人在投票 / 他们行使绝对权力 / 他们演讲的要素 / 词语和形象 / 领袖大都信念固执、思想狭隘 / 没有威望，演讲者的观点不可能被认可 / 情绪夸张，不管是积极情绪还是消极情绪都一样 / 在某些时刻，他们会完全进入不自觉状态 / 召开会议 / 议会失去群体特征的情况 / 在专业问题上专家的作用 / 各国议会制的优势和危险 / 议会适应现代需求，但它会导致财政浪费和对自由的限制 / 结语议会是实名的异质群体。

虽然各个国家在不同时期选举议会成员的方式不同，但议员们表现出来的特征却非常相似。在议会里，人们也能感觉到民族性的影响，这一影响会削弱或强化群体的共同特征，但不会淹没这些特征。希腊、意大利、葡萄牙、西班牙、法国和美国的议会制度差别很大，但议会在辩论和投票时却有诸多相似表现，这让各自的政府面临的困难差不多。

此外，议会制虽然是所有现代文明国家的理想，但从心理学的角度看，这一理想却表达了一种普通的错误信念，即人们相信，在某一特定的问题上，一大群人总比少数人更能做出明智而公正（无党派影响）的决定。

在议会中，我们同样可以看到普通群体的特征，其表现仍然是：智力低下、易怒、易受暗示、情绪夸张、只被少数领袖影响。但是，由于议会组成成分特殊，所以议会群体也有其独特的特征，下面我们将对这些特征进行简单说明。

头脑简单是议会群体最重要的特征之一。就所有国家的议会而言，特别是就拉丁民族国家的议会而言，议会群体都有一种共通的倾向，即习惯用最简单的抽象原则去解决复杂的社会问题。当然，这些抽象的理论原则也会因党派的不同而各不相同，但仅仅因为是群体成员这一事实，他们便总是倾向于夸大自己的理论价值，并将其推向极端。所以，议会往往是极端的偏见的集合体。

议会的天真和幼稚在法国大革命时期的雅各宾党人身上有最典型的体现。他们教条、理性，头脑里充满了笼统的原则，他们忙于套用既定的原则，却看不到事实本身。有人曾评价说，他们虽然经历了大革命，却没有用心去见证革命。在那些非常天真的教条的指导下，他们以为自己可以从上而下重塑社会，可以回归社会进化的初期状态，从而完成文明的优雅变身。他们用来实现梦想的手段同样带有绝对的幼稚性印记。事实上，他们只是毁掉了挡在他们前进道路上的一切，而且吉伦特派、山岳派和热月派等所有党派，都被同样天真的精神所鼓舞。

议会中的群体很容易被暗示，而且，同所有的群体一样，这些暗示必须来自有威望的领袖。但议会群体对要接受的暗示有非常明确的底线，明白这一点非常重要。

对涉及地方或区域利益的议题，议会的每一个成员都有坚定的、不可妥协的立场。在保护酿酒权或蒸馏酒特许权等问题上，即使是狄摩西尼[1]这样很有辩才的人，也无法改变议员们的立场，因为这个问题关系到那些有影响力的选民的利益。投票前选民的意见足以压倒其他任何意见，所以，这类意见是绝对不变的意见[2]。

对一般性事务，比如内阁换届、开征新税等，议员们的意见则不是一成不变的，领导者的暗示也能产生作用，尽管其暗示的方式与对普通群体的方式不同。各个党派都有自己的领袖人物，这些领袖人物的影响力有时不相上下，议员们处于两种对立的暗示之间，常常左右为难、犹豫不决。所以我们经常看到，某些议员会突然改变投票方向，或者提出附加条款，从而使整部法案被废除，比如，先剥夺雇主选择和解雇劳工的权利，然后再加上一条几乎要恢复这一权利的修正案。

1 狄摩西尼（前384—前322年），古希腊时期雅典的雄辩家、政治家、修辞学教授。——译注

2 一位资深英国议员的以下反思无疑适用于这种不会因争取选票而改变的意见："我住在威斯敏斯特（英国议会所在地）的50年间，我听过千万次演讲，他们没有人能改变我的主意，也就无法改变我的选择。"——原注

出于同样的原因，每个代表选民的团体都有一些非常稳定的意见，同时又有一些非常易变的意见。总的来说，一般性事务越多，议会成员就越优柔寡断。优柔寡断，是因为对选民的惧怕，而选民的暗示又总是潜在的，并能制衡领袖人物的影响。

但在无数的辩论中，领袖人物无疑仍是主导者，因为议会成员对大部分议题并没有强烈的先入为主的意见。

领袖人物的存在是必要的，我们在各国议会中都能看到这样的领袖人物。他们是议会真正的统治者。群体不能没有主人，但正是因为有主人，所以议会的投票通常只代表少数人的意见。

在很大程度上，领袖人物的影响力并不取决于他们如何去使用论据，而是取决于他们的威望。在任何情况下，他们如果失去威望，也就失去了影响力。

这些政治领袖的威望是个人内在的，与头衔或名望无关。对此，朱尔斯·西蒙[1]先生作为议会成员，他对1848年议

1 朱尔斯·西蒙（1814—1896年），法国政治家、思想家。两度当选议员，1876年曾担任总理。——译注

会中人的评价为我们提供了很有启发性的例子：

两个月前还是全能的路易·拿破仑，现在已变得无足轻重了。

维克多·雨果登上了讲台，但他的演讲没有获得成功。人们听他演讲，就像听费利克斯·皮阿[1] 演讲一样认真，但他没有得到那么多掌声。谈到费利克斯·皮阿时，沃拉贝尔对我说："我不喜欢他的观点，但他是法国最伟大的作家和演说家之一。"埃德加·基内[2] 尽管聪明过人，却一点也不受人尊敬。在成为议员进入议会前，他很受欢迎，但在议会中却不是这样。

与其他场合相比，在政治集会上，人们对于天才的光辉往往无动于衷。他们只在意当时当场的雄辩，只在意党派利

1 费利克斯·皮阿，法国政治家、剧作家，生于维耶尔宗一个拥护波旁王朝的律师家庭。他参加了1830年的七月革命，1848年大革命后当选为制宪会议和立法会议议员，属新山岳党人。——译注

2 埃德加·基内（1803—1875年），法国历史学家、哲学家、诗人。——译注

益，而不是国家利益。想要获得拉马丁[1] 在1848年和梯也尔[2]在1871年所获得的那种敬意，就必须迫切地以不可抗拒的利益来争取。危机一旦过去，议会就会立即忘掉曾有的恐惧和感激。

我引用上面这几段话主要是因为它们包含的事实，而不是它的解释，因为其中的心理知识很少。群体一旦开始评议领袖的作用，无论是党的领袖还是国家的领袖，都会立即因为获得主见而失去群体的特征。群体服从领袖是因为领袖的威望，而不是领袖的贡献或对领袖的感激。

所以，拥有足够威望的领袖都拥有绝对的权力。一位著名议员[3] 因受一系列金融事件的影响而在竞选中失败，但是之前的他由于享有巨大的威望，他当时只需一个暗示，内阁就得解散。一位作家用一段话道出了他当时的影响力：

1 拉马丁（1790—1869年），法国政治家、诗人。——译注

2 梯也尔（1797—1877年），法国政治家、历史学家，法兰西第三共和国政府首脑。——译注

3 指乔治·克列孟梭（1841—1929年），法国近代史上最负盛名的政治家之一，1906年出任法兰西第三共和国总理兼内政部长。——译注

主要是因为M·X先生，我们在东京湾[1] 问题上付出了本应付出的三倍代价，我们在马达加斯加的处境也很不妙，我们失去了南尼日尔地区的一个帝国，我们还在埃及失去了曾经拥有的优势。M·X先生的理论让我们失去的领土比拿破仑一世带来的灾难还多。

我们对这位领袖不必有太多的怨恨，他确实让我们付出了很大的代价，但他的影响力的获得很大程度上是因为他在殖民地问题上顺应了民意，当时的民意远不是现在的样子。领袖很少能在舆论出现之前采取行动，他们几乎总是在顺应民意，也就难免会顺应其中的错误意见。

我们所讨论的领袖的说服手段，在威望之外，还包括我们一再列举的那些手段。想要巧妙地运用这些手段，领袖就必须了解群体心理，至少要不自觉地达成这种理解，而且还必须知道如何在演讲中运用好群体心理。他必须注重词语、套话和形象的魔力。他必须具有一种特殊的口才，包括鲜明

1 东京湾，即越南“北部湾”，当时法国人称其为“东京湾”。——译注

威斯敏斯特议会会议

威斯敏斯特议会即英国议会，是英国的最高立法机构。政府从议会中产生，并对议会负责。议会为两院制，由上院和下院组成，上院为贵族院，下院为平民院，两院联合行使国家的最高立法权。英国议会自创立以来，通常在威斯敏斯特宫举行会议。图为17世纪初期詹姆斯一世统治时期的英国议会会议。

的形象、强烈的自信以及简单明了的套话。这种口才在所有议会中都能看到，包括最严肃的英国议会。

英国哲学家梅因[1]说：

下议院一直处在理论空泛、措词模糊、粗俗的辩论中。那种平庸的套话对人们的影响力很大，也给了他们无尽的想象。群众很容易接受这些形象鲜明的断言，尽管这些断言从未得到证实，而且很可能永远也无法证实。

上文提到的“形象鲜明的断言”很重要，必须反复强调。我们多次说到词语和套话的特殊力量，说到选择的词语和套话必须要能唤起鲜明的形象。下面这段话摘自一位议会领袖的演讲，是一个使用词语和套话的好例子：

如果用一艘船把一位名声不佳的政客和一个犯有谋杀罪的无政府主义者发配到瘟疫肆虐的地方去，他们将因此能面对面好好谈一谈了，他们会把对方视为同谋关系中互补的两派。

1 萨姆那·梅因（1822—1888年），英国著名法律史学家，因其著名的《古代法》而成为西方法学界的著名人物。——译注这样的词语组合唤起的形象非常鲜明，所有对手听到这里都会感受到威胁。他们的脑海中会浮现出双重场景，热病泛滥的流放地，一艘把他们带离的船。难道自己就不会成为受到莫名威胁的政客吗？他们隐隐感受到了一种恐惧和威胁。当罗伯斯庇尔把“断头台”放进他笼统的演讲中时，公会的人也一定会感到恐惧，在这种恐惧的威胁下，他们屈服了。

纵情夸张对领袖非常有利。前面提到的那位演讲者就断言，银行家和牧师资助了那些扔炸弹的人，因此大金融公司的董事们应该都以反政府罪论处。这样的断言并没有激起强烈的反对。这样的断言对群体总是很有效。断言永远不会显得过激，恐吓永远也不会显得过分。没有什么比威胁更能使听众感到恐惧。在场的人会担心，如果他们质疑，就可能被当作叛徒或同谋处死。

我说过，这种独特的雄辩风格在所有议会里都有强大的力量。在危急时刻，它的力量还会进一步增强。对于法国大革命时期那些著名演说家在集会上的演说，从这一角度看就相当有趣。他们每时每刻都在竭力痛斥罪恶，颂扬美德，然后诅咒暴君，发誓不自由毋宁死。一听到这些，在场的人都会站起来热烈鼓掌，直到冷静了再坐下。

有时候，受过高等教育的领袖可能会很聪明，但是聪明往往弊大于利。聪明会让他们放任自己的聪明，喜欢用阐释去争取理解，而把事态说得很复杂，这在很大程度上正好削弱了信徒必备的狂热信念。各个时代著名的群众领袖，特别是大革命时期的领袖，他们才智都很平庸，但正是那些才智平庸的人掌握了最大的影响力。

其中，最著名的就是罗伯斯庇尔，他的演讲逻辑混乱，自相矛盾得令人吃惊。看他的讲稿，我们完全无法理解他凭什么可以大权独掌。

> 絮絮叨叨的废话，一丁点拉丁文化，幼稚而平庸的才华……他的攻击和防御都像小学生在吵架，没有思想，没有快乐的表达，没有对生活的描述，只有令人生厌的谩骂。在读过这种乏味的东西之后，人们禁不住会像卡米尔·德穆兰[1] 一样惊叫："啊！"

1 卡米尔·德穆兰（1760—1794年），法国政治家、记者，也是一位诗人，有严重口吃。——译注想象一下极端偏执的狂热会赋予一个人多么巨大的威望，有时真让人惧怕。一个人想要无视障碍，展现强大的意志力，就必须极端偏执、狂热。群体会本能地把那些精力充沛、信念坚定的人视作自己的领袖。

在议会里，演讲的成功与否完全取决于演说者的威望，而不是他提出的论点。最能证明这一点的就是，如果一个演讲者因为某种原因失去了威望，他就将失去所有的影响力以及他的拉票能力。

如果一个不知名的演讲者带着他的论点登上讲台，而且只论述，那这样的演讲很可能会变成一场听证会。德索布先生是一位有洞察力的心理学家，他最近对一位没有威望的议员进行了这样的描述：

他站上讲台，首先从公文包中拿出一份文件，有条不紊地在面前展开，然后满怀信心地开始了他的演讲。

他自以为是地说，通过自己的演讲，他要把一种理念带给大家，让大家充满激情。他反复推敲自己的论点，他准备了大量的数据和证据。他确信他能说服听众。他相信，所有反对意见在他要引用的证据面前都将是枉然的。开始时，他对自己事业的正义性充满信心，他认为与他共事的人一定会认同他心目中的真理。

他演讲着，不久就对大厅里的躁动感到震惊，对下面嘈杂的议论声感到恼火。

为什么不能保持安静？为什么如此漫不经心？那些窃窃私语的议员们在想些什么？是什么急事使这个或那个议员离场？

他的脸上掠过一丝不安，他皱眉停了下来。在议长的鼓励下，他提高嗓门，又开始演讲，但他的声音越来越小，几乎被下面的喧闹声淹没。他提高了自己的声调，增加了手势，但他周围的噪声更大了，他再也听不到自己的声音了，他不得不停了下来。最后，他怕自己的沉默会招致可怕的喊叫，于是只得重新开始。这时，周围的喧闹声已变得让人不堪忍受。

当喧闹达到一定程度，议会成员就会变得像一般异质群体一样，情绪会表现得异常极端。我们见证过议会通过最勇敢的法案，也看到过议会最可怕的行为。当个体不复存在，议会成员甚至会在完全失去自我的情况下投票支持不利于自身的法案。

法国大革命的历史向我们证明了议会中的个体会在多

大程度上失去自我意识，并听从对自己非常致命的建议。对贵族们来说，放弃自己的特权是致命的牺牲，但是在那个著名的夜晚，在公会会议上，他们毫不犹豫地这样做了。国民公会的议员们突然宣布放弃自己神圣而不可侵犯的权利，使自己从此处于死亡的威胁之下，但他们走出了这一步，他们不再担心自己人被屠杀，虽然他们十分清楚，被他们送上断头台的，今天是自己的朋友，明天就可能是他们自己。他们宣布放弃自己的特权，他们已经完全进入我在前面说过的那种无意识状态，他们没有任何理智阻止让自己屈服的催眠暗示。比劳德·伦内斯议员的回忆录中有这样一段话非常精彩："归罪于我们的那些决定，在前一天晚上没有得到任何人的同意，但第二天它们却被通过了。是危机，是当时的氛围，而不是别的原因导致了那种情况的发生。"除此之外，不会有比这更准确的解释了。

在国民公会所有喧闹的会议中也可以看到很多同样的无意识行为。丹纳说：

他们批准并颁布了那些令自己也恐惧的法案，这些措施不只是愚蠢，而且是在犯罪——杀害无辜，谋杀朋友。在右翼人士的支持下，左翼人士在热烈的掌声中一致同意将左翼的天然领袖、大革命的伟大推动者和领导者丹东送上了断头台。在左翼人士的支持下，右翼人士也在热烈的掌声中投票通过了革命政府最可怕的法令。在赞美与热情的欢呼声中，全体一致表达了对科罗·德布瓦、库东和罗伯斯庇尔的由衷热爱，通过自发的反复改选，一致同意把这个屠杀公会的政府保留了下来。平原派憎恨它，因为它滥杀无辜；山岳派憎恨它，因为自己曾被屠杀。平原派与山岳派，多数派与少数派，他们最终一致同意并促成了对自己的屠杀。牧月[1] 22日，整个国民公会把自己交给了屠夫；到热月[2] 8日，在罗伯斯庇尔演讲结束后的一刻钟内，公会又做出了同样的事情。

这幅场景可能显得可怕，但事实就是这样。当议会中的人被催眠而兴奋不已时，他们就表现出这样的特点。他们情绪极不稳定，服从自己的一切冲动。以下是对1848年议会情景的描述，作者是斯普勒先生，他是一位对民主有着坚定信

1 牧月即5月20日至6月18日。

2 热月即7月19日至8月17日。

仰的议员。这是我从《文学评论》摘取的，很有典型性，它呈现了我描述过的群体所特有的那种夸张情绪，说明了群体情绪的千变万化，即议会各党派代表情绪的反复无常。

共和党内部一会儿表现为分裂、猜忌和绝望，一会儿又表现为盲目自信和无限乐观，最终给共和党带来了灭顶之灾。他们的天真和幼稚与他们的普遍怀疑相对应。他们没有一致性，没有纪律观念，只有无尽的恐惧和幻想。他们的心理成熟度与村夫和幼童处于同一水平。他们时而冷静时而急躁，他们的狂暴与他们的温顺一样突出。这种情形的反复出现是他们不成熟的性格和缺乏教养的结果。没有什么能让他们感到吃惊，但一切又让他们感到极度不安，一有风吹草动他们立即就会草木皆兵。他们既胆怯恐惧又勇敢无畏，既杯弓蛇影又敢于赴汤蹈火。

他们不问前因和后果，也不在乎事件之间的联系。他们感到沮丧时会立即沮丧，他们情绪高涨时会任其高涨。他们在面对各种各样的事件时一旦出现恐慌，不是表现为高度紧张就是表现为彻底绝望，他们从不采取与情势相应的措施，也没有表现出与情势相应的心态。他们比流水更易动，也更多变，他们的情绪像流水一样可以变成任何形态。难道能指望他们成为国家的基石？

幸运的是，在议会中并不一直都是我们上面所说的那种情形。这种会集只在特定时刻才变成群体。在大多数情况下，议员们都保持着自己的个性，这就解释了为什么议会能够制定出优秀的法规。诚然，这些律条是专家在安静书房中起草的，所以议会审议的实际上是个人的作品，而不是群体协商的产物，这些法律自然会很好。只有当一系列的法案不断被修订，变成群体协商的作品时，才会带来灾难性后果。群体的作品，不管是哪种性质的，总不如独立个体的作品好。专业人士负责阻止会议通过那些不明智的或行不通的法案，这时，专业人士暂时是群体领袖，他们影响议会，却不被议会影响。

尽管议会的运行问题丛生，但议会依然是迄今为止人类已发现的最好的国家治理形式，也是摆脱个人专制的最好手段。对哲学家、思想家、作家、艺术家和学者而言，一句话，对所有的文明精英而言，议会无疑是最理想的国家治理形式。虽然它实际上存在两大危险，一是财政浪费，一是对个人自由的不断压缩。

第一种危险是选民缺乏远见的必然结果。如果议会议员提出一项表面上能保证民生的议案，例如，保证所有工人都能获得养老金，或增加各级政府雇员的薪酬，其他议员会因为害怕选民而不敢反对，投票时也不敢有丝毫犹豫，尽管他们清楚，这一议案将给财政带来新的压力，并会导致设立新税种。开支增加的影响要很久才会显现出来，不会给他们个人带来不利后果，但是，如果投票反对，后果就会在他们下次竞选时立即反映出来。

除此，导致财政负担加重还有另一个同样重要的原因，就是必须对所有地方性拨款表决支持。议员们不敢反对这类拨款，因为这也事关选民的需求，而且每一位议员都必须同意其他议员提出的类似提案，因为只有这样，他们才能为自己争取到选区选民的支持。[1]

1 1895年4月6日，《经济学人》杂志发表了一篇奇怪的评论，分析了仅因为选举因素造成的支出，尤其是铁路支出可能达到的数字。为了连接朗盖耶（一个仅有3000名居民小镇）和山上的普伊，仅一条铁路就耗资达1500万法郎；又支出700万法郎，以使博芒特（有3500名居（转下页）

第二种危险是议会对自由的不断压缩，从表面看似乎不那么明显，却切实存在。这是颁布太多法律的必然结果，因为法律总是具有限制性条款。议员们认为自己有义务投票通过这些法律，他们这样做其实不仅短视，而且盲目。

这种危险确实不可避免，因为即使议会制度最完善的英

（接上页）民）和卡斯特尔萨拉金通上铁路；又耗资700万法郎连接乌斯特（有523名居民）和塞克（有1200名居民）；又有600万法郎用于连接普拉德和奥莱特村（有747名居民），等等。仅仅1895年就投资了9000万法郎用于地方性公共事业中的铁路建设。还有另一些同样重要的支出也是出于竞选需要。据财政部长透露，保证退休工人养老金的法律将很快通过，每年至少涉及1.65亿法郎的支出，但按勒罗伊-比尤利厄院士估算，每年应该不会少于8亿法郎。显然，这种无节制的支出增长必将导致国家的破产。许多欧洲国家，如葡萄牙、希腊、西班牙、土耳其等，都已到了这个阶段，而另一些国家，如意大利等，很快也会陷入同样的困境。对此，也不必太过恐慌，因为相关国家的人民已相继同意居民存款可以减少五分之四的利息。在这种很巧妙的规定下，国家很快便可以恢复预算平衡。此外，我们身处的这个四分五裂的阶段，战争、社会主义和贸易冲突等在未来还会为我们带来更多的灾难。当然，我们可以不去关心我们无法掌控的未来，只要能勉强糊口就行。——原注

国，它的议员虽然可以全然独立于选民，但它仍然无法摆脱这种危险。赫伯特·斯宾塞在一部很早之前出版的著作中说过，自由的表面增加必然伴随着自由的真正减少。在他最近出版的《人与国家》一书中，他再次提出了这一观点。在谈到英国议会时，他说：

一段时期以来，立法工作一直遵循我所指出的线路。迅速增加的强制性规定正不断限制个人自由，这主要表现在两个方面：每一年都颁布大量法令，对公民以前完全自由的行为进行限制，迫使公民去做那些可做可不做的事情；同时另一方面，越来越沉重的公共负担，尤其是地方性公共负担，也进一步限制公民的自由，因为他们的可支配收入因为公权力的剥夺而减少了，他们减少的部分则被政府根据自己的喜好任意支配。

这种对自由的逐步限制在每个国家都有不同形式的表现，赫伯特·斯宾塞对此并没有细说。因为无数新法基本上都是以限制性法令的形式通过，所以它们在实施时必将增加执法者的数量、权力和影响力。执法者就这样一跃成了文明国家的真正主人。这种权力的不断转移，只有行政阶层不会受到影响。只有他们无须担责，可以冷眼旁观，并手握永续的权力。没有什么比这种将三权（立法、行政、司法）集于一体的专制形式更具压迫性。

这些不断制定的限制性法律法规以最复杂的条款把生活中最小的行为也约束了起来，其结果必然导致公民的自由活动范围越来越小。人们误以为，法规越多越能保证平等和自由，所以人们不接受没有惩罚的立法。人们一旦习惯忍受每一条枷锁，就会丧失活力和反抗精神，就会迅速滑向被奴役的终点。那时，公民会沦为徒有虚名的影子，会沦为一台台被动、顺服和无能的机器。

至此，个体已经无力在自己身上寻找力量，必然从自身之外去寻找自己丧失的力量。随着公民的冷漠和无助感的增长，政府的职权会增强，政府一定会取代个人表现出更多的主动性、积极性和主导精神。政府要完成一切，引导一切，并将一切都置于自己的保护之下。国家变成了全能的神。但是经验表明，这些神的力量既不可能持久，也不可能真正强大。

对某些民族来说，各种自由被逐步限制，尽管法律给了他们一种貌似继续拥有自由的错觉，但这些法律就像所有特定的制度一样，只会因为施行已久才显得重要。这是文明即将衰落的又一先兆，任何一种文明都无法逃脱。

从历史的教训以及各方面的症状表现来看，在我们的现代文明中，有几大文明无疑已经到了极度衰老的阶段。所有民族都不可避免地要经历同样的盛衰，因为历史总是在不断重复。

简单概括一下文明演进的各个阶段并不难，现在我就以这样的概述来结束本书。这种勾勒也许能帮助我们理解各民主国家的命运。

如果我们从文明的兴衰主线去审视那些伟大而古老的文明，我们会发现什么呢？

在文明的初期，由于迁徙、入侵和征服，一群来自不同地方的人聚集在了一起，他们有着不同的血统，有着不同的语言和信仰，他们之间唯一共同的纽带是首领和首领制定的规矩，但人们并不绝对服从。这样的杂居人群已开始表现出明显的群体心理特征。他们会有群体短暂的团结，有群体的英勇和脆弱，有群体的冲动和暴力。与他们有关的一切都不稳定。他们是野蛮人。

时间最终完成了它自己的作品。同样的环境，各民族不断融合，共生的要求开始发挥作用。不同的部落联盟开始融合成一个整体，形成一个民族。也就是说，正是遗传给具有共同特征和共同情感的群体以越来越强大的稳定性。然后，这群人成了一个民族，民族才有摆脱野蛮状态的能力。但是，还得经过长期的努力、不懈的斗争、无数次的尝试，民族才会获得共同的意志，群体才真正从野蛮状态中摆脱出来。虽然这种共同意志是什么并不重要，不管是对罗马的崇拜、对强盛雅典的崇拜，还是对安拉的胜利的崇拜，只要能让民族所有个体的思想和感情得到统一，也就足够了。

在这一阶段，一种新文明以及它的制度、信仰和艺术都会诞生。在追求理想的过程中，这个民族将不断获得能赋予自己以光辉、活力和庄严的品质。是的，这个民族还是群体，但自此以后，这个民族在动态的群体特征背后，已形成一个坚实的基础，那就是民族性格，它会把一个民族的变化限制在有限的范围之内，并抵制一切偶然性的影响。

在完成民族的缔造之后，时间便开始了神和人都无法阻止的破坏过程：一种文明，当它达到一定的力量和复杂程度后，会停止发展，并转向衰落。现在，它衰落的警钟已经敲响。面对这个必然的过程，支撑一个民族的意志会被削弱，由它所激发的宗教、政治和社会结构也会动摇。

随着民族意志的衰弱，民族的凝聚力、统一性和自我强化的能力都会衰弱。个人的个性和智力会提高，民族的集体意识会被利己的自我意识所取代，同时，民族性格会淡化，民族的集体行动能力会削弱。一个统一的民族，一个整体，最终变成了缺少凝聚力的个人的集合，变成了一盘散沙，虽然它的传统和制度仍然会维系一段时间。正是在这个时段，人们会因为利益诉求的不同而彻底分裂，个体很难有自我管理能力，他们生活中最小的行为也需要指导，于是国家趁机施加影响，开始发挥主导作用。

随着古老意志的丧失，民族的性格也就完全丧失了；民族分散为一个个孤立的个体，又回归到原始的群体状态。它既不稳定，也没有未来，只具有群体所特有的多变的特征。如今，文明已失去稳定性，任由偶然性摆布。个人至高无上，野蛮之风盛行。文明看起来似乎依然辉煌，那是因为它曾经拥有悠久的历史和物质文明，实际上，它已是一座虚弱的大厦，失去了支撑，一场很小的风暴就可以使它立刻崩塌。

仅仅因为同一种意志，民族从野蛮发展到文明；当这一意志被削弱，民族就将面临衰亡。这就是一个民族兴衰的周期律。